Arnold Guillet Das Grosse Gebet der Eidgenossen

VIA·VERITAS·VITA

ARNOLD GUILLET

Das Grosse Gebet der Eidgenossen

CHRISTIANA-VERLAG STEIN AM RHEIN

Mit kirchlicher Druckerlaubnis vom 26. September 1973

Photonachweis:
Erste Umschlagseite: Statue des hl. Bruder Klaus, mit der Kutte bekleidet, in der er starb. Pfarrkirche Sachseln. Photo Bruno Geuter, St. Augustin.
Zweite Umschlagseite: Urnersee mit Urirotstock, die Wiege der Eidgenossenschaft. Photo Aschwanden Altdorf.
Staatsarchiv Schwyz: Seite 33
Photo Aschwanden Altdorf: 34, 35, 36, 37
Historisches Museum Basel: 39
Photo Reinhard Sachseln: 73, 74, 75, 76
Zentralbibliothek Zürich: 77
Schweiz. Landesmuseum Zürich: 78, 79, 113, 114, 115, 116, 153, 154
P. K. Hoffmann, Osservatore Romano, Città del Vaticano: 80
P. Dr. Raphael Fäh OSB, Kloster Muri (AG): 117
Photo Benedikt Rast Fribourg: 118, 120, 160
Vizepostulator, Bruder August, Kapuzinerkloster, Stans: 157
Mutter Maria Theresia-Sekretariat, Institut, Ingenbohl: 159
Gottfried Keller-Stiftung, Kloster St. Georgen, Stein am Rhein: 119

1. Auflage 1973: 1.—15 000.

Druck: Meierhofdruckerei Martin Gyr, CH-5400 Baden
Printed in Switzerland
ISBN 3 7171 0544 2

INHALTSVERZEICHNIS

Neigt euer Ohr, kommet zu mir, höret, dann lebt ihr auf! Ich will mit euch einen ewigen Bund schliessen, treu den festen Gnadenverheissungen an David ... Ja, dir unbekannte Völker rufst du herbei, und Völker, denen du unbekannt bist, laufen dir zu, dem Herrn, deinem Gott, zulieb ... Sucht den Herrn, solange er sich finden lässt; ruft ihn, solange er nahe ist! «Denn meine Gedanken sind nicht eure Gedanken, und eure Wege sind nicht meine Wege.» Spruch des Herrn «Nein, so hoch der Himmel über der Erde steht, so hoch sind meine Wege über euren Wegen und meine Gedanken über euren Gedanken! Denn wie Regen und Schnee vom Himmel kommen und nicht mehr dorthin zurückkehren, ohne dass sie die Erde tränken, sie spriessen und keimen lassen und Saat geben dem Sämann und dem Essenden Brot, so steht es auch mit meinem Wort, das von meinem Munde ausgeht. Es kehrt nicht erfolglos zu mir zurück, ohne dass es vollbracht, was ich wollte, und durchgeführt, wozu ich es sandte. Denn in Freuden sollt ihr ausziehen und in Frieden geleitet werden! Die Berge und Hügel brechen vor euch in Jubel aus!» Isaias 55, 3-12

Das ganze Volk trat dem Bund bei. 4 Könige 23,3

VORWORT DES HERAUSGEBERS

Ein kostbarer Schatz

Im Frühjahr 1973 schrieb mir eine Frau aus Wetzikon im Zürcher Oberland, ich möchte doch das «Grosse Gebet der Eidgenossen» neu herausgeben. Sie habe erlebt, schrieb sie, wie dieses Gebet während einer Sühnenacht in einer Wallfahrtskirche Süddeutschlands von ein Uhr nachts bis fünf Uhr in der Frühe gebetet worden sei und auf alle einen nachhaltigen Eindruck gemacht habe. Das Grosse Gebet der Eidgenossen? Wie war es möglich, dass ich in meinem ganzen Leben noch nie etwas davon gehört hatte?
Die Sache begann mich zu interessieren. Die ersten Anfragen bei Bibliotheken blieben erfolglos. Schliesslich konnte ich über einige Antiquariate etliche alte Ausgaben erstehen: einen sehr alten, undatierten Druck, dann die berühmten Schwyzer Ausgaben von 1827, 1841 und 1905 und schliesslich noch die zuletzt erschienene Ausgabe von P. Ildefons Betschart, die 1937 im Waldstatt-Verlag, Einsiedeln, herauskam, aber jetzt vergriffen ist.
Je mehr ich mich mit dem «Grossen Gebet der Eidgenossen» beschäftigte, umso mehr wurde mir klar, dass wir es hier mit einem religiösen Vermächtnis unserer Vorfahren zu tun haben, mit einem Denkmal des Gottvertrauens oder, wie es von protestantischer Seite formuliert wurde, mit dem Palladium der Eidgenossenschaft, das für jeden Eidgenossen und darüber hinaus für jeden Christen einen Gebetsschatz von bleibendem Wert darstellt.
Geht es uns hier nicht wie dem Mann in der Parabel des Evangeliums, der einen Schatz im Acker gefunden hat? Ein geistiges Eigentum, von den Altvätern erwor-

ben, erlitten und erbetet? Ähnlich muss es dem heiligen Bruder Klaus ergangen sein. Geschichtsschreiber vermuten, dass er das «Grosse Gebet» in Einsiedeln, wo es als Pilgerandacht Verwendung fand, kennen und schätzen lernte. Fest steht jedenfalls, dass er sich eigenhändig davon eine Abschrift anfertigte. Diese Abschrift des heiligen Bruder Klaus (1417—1487) gelangte später mit anderem Nachlass des Heiligen nach Freiburg im Üchtland und verleitete den heiligen Petrus Kanisius (1521—1597) zur Annahme, der Heilige im Ranft sei der Verfasser des «Grossen Gebetes».

Prof. Werner Durrer, wohl der beste Kenner der Materie, ist fest überzeugt, dass Bruder Klaus lesen und schreiben konnte; er begründet diese Ansicht vor allem damit, dass Niklaus von Flüe nicht nur Landammann, sondern auch Urkundsperson war und als solche musste er lesen und schreiben können.

Das Wertvolle am «Grossen Gebet der Eidgenossen» ist die einzigartige Verbindung von Gebet und Meditation: die grossen Geheimnisse der Erlösung, angefangen von der Erschaffung der Welt bis zur Gründung der Kirche und zur Ausgiessung des Heiligen Geistes am Pfingstfest, treten ins Blickfeld des Betenden, entzünden seine Phantasie und seine Liebe zu Gott. Wie Gott das Volk der Juden durch die vierzigjährige Wanderung durch die Wüste geistig und aszetisch geformt hat, so wird das Volk bei diesem Gang durch die Geschichte des Gottesreiches religiös unterwiesen und in die Lage versetzt, sich die grossen Wahrheiten des christlichen Glaubens durch Gebet und Meditation geistig anzueignen: der Christ erfährt, was Gott für ihn getan hat und was er nun für Gott tun soll, der grosse Plan des Schöpfers öffnet seine Horizonte, und die Seele beginnt ein Zwiegespräch mit ihrem Schöpfer, dem sie mit kindlichem Vertrauen ihre Nöte und Anliegen unterbreitet.

Zwischen den Kurzbetrachtungen werden Gebete ver-

richtet, das Pater Noster, das Ave Maria und das Credo, und zwar in verschiedenen Körperhaltungen, um der Ehrfurcht vor Gott auch mimischen Ausdruck zu geben.

Über die Entstehung des «Grossen Gebetes» schreibt P. Ildefons Betschart im bereits erwähnten Werk: «Alle bisher sichtbaren Fäden laufen auf die mittelalterlichen Mystikerkreise des Dominikaner- und Benediktiner-Ordens hin. So finden wir in den Betrachtungsweisen des seligen Heinrich Seuse von Konstanz, in den Schriften der Tösser Mystikerinnen, wie auch im ‚horologium devotionis' des Predigerbruders Berthold eine ganz ähnliche Art der Verbindung von betrachtendem und mündlichem Gebet ... Es ist eine wohlbegründete Annahme, dass das heilige Rosenkranzgebet, so wie es heute vorliegt, den gleichen Ursprung hat wie unser ‚Grosses Gebet'; die Übereinstimmung der Grundidee beider ist ja in die Augen springend.»

Die in Schwyz gedruckten Ausgaben brachten im Anschluss an das «Grosse Gebet der Eidgenossen» auch «Heilige Betrachtungen des Rosenkranzes». Sowohl ihrem Ursprung wie ihrem jahrhundertelangen Gebrauch entsprechend, gehören beide zusammen, und wir haben uns nach anfänglichem Zögern entschlossen, diese alte Tradition fortzusetzen und nicht eine Abtrennung vorzunehmen. Wer beide Teile zusammen meditiert und mitbetet, spürt die genetische Verbindung und Ergänzung und den gleichen geistigen Habitus.

Hier könnte man ein Wort der Bibel anwenden, das die Heilige Schrift zwar auf Maria bezog, das aber für jeden Christen und auch für jedes Volk ebenfalls gilt: «Sie bewahrte und erwog alle diese Worte in ihrem Herzen.»

Wie haben die alten Eidgenossen die christliche Frohbotschaft aufgenommen, welche Glaubensinhalte haben sie beeindruckt, wie hat ihr Herz auf den Anruf

Gottes reagiert und wie haben sie in der Folge ihr Leben auf Gott ausgerichtet? Wie haben sie zu Gott gerufen in ihren existentiellen Nöten?
Das sind Fragen, die für uns Nachkommen von grossem Interesse sind, denn das Schlimmste, was einem Volk widerfahren kann, ist, wenn es geschichtslos wird, wenn die Verbindung zur Vergangenheit abbricht, wenn der geistige Lebensstrom, der geistige Kontakt mit den Vorfahren abreisst. Diese Gefahr ist für den modernen Menschen besonders gross — nicht nur im religiösen Bereich.
Das «Grosse Gebet der Eidgenossen» ist im Laufe der Jahrhunderte erweitert worden — ein Zeichen dafür, dass es als eine Art «Biblia pauperum» im Volk lebendig blieb. Das Gebet eines Volkes lebt und wächst wie sein Liederschatz. In der Art und Weise, wie gebetet und gesungen wird, offenbart sich die Seele und das Gemüt eines Volkes. Das religiöse Denken und Fühlen der Eidgenossen hat also im «Grossen Gebet» seinen Niederschlag gefunden.
Dinge und Praktiken, die unseren Vätern heilig waren, sollten es auch uns sein. Gerade beim Gebet kommt die herrliche Lehre von der «Communio sanctorum — der Gemeinschaft der Heiligen» zum Tragen. Ist es nicht tröstlich, sich als lebendiges Glied in einer langen Kette zu wissen, das Bewusstsein haben zu können, dass schon ein heiliger Bruder Klaus und unzählige unserer frommen Vorfahren aus allen Jahrhunderten seit Bestehen der Eidgenossenschaft dieses «Grosse Gebet» gesprochen, die gleichen Gedanken, Überlegungen, Betrachtungen nachvollzogen und die gleichen Bitten zu Gott, dem Allmächtigen gerichtet haben? Nur so kann auch der Bund lebendig bleiben, den die Gründer der Eidgenossenschaft am 1. August 1291 auf dem Rütli mit einem Schwur besiegelt haben. Die Eidgenossenschaft besteht nur solange, als dieser Bund zur gegenseitigen Hilfe unter dem Machtschutz

Gottes auch von den Nachkommen neu beschworen und im gleichen Geiste nachvollzogen und erbetet wird.

Das «Grosse Gebet» spricht Wahrheiten aus und formuliert Bitten, die nichts von ihrer Gültigkeit verloren haben. Wir sind sogar überzeugt, dass nach dem voraussehbaren Sturz der modernen Götzen das gläubige Volk zu dieser kräftigen Kost zurückkehren wird und dass es wieder erkennen lernt, wo die Wurzeln seiner Kraft verlaufen. In jedem Menschen ist ein Abgrund, der nur von Gott ausgefüllt werden kann, und es kommt die Zeit, wo auch der moderne Mensch dem elementaren Hunger nach Gott nicht mehr widerstehen kann. Gott hat verheissen, dass er jedes echte Gebet erhören wird — nur manchmal anders, als der Mensch es sich vorstellt —, und gerade die Geschichte der alten Eidgenossenschaft ist ein leuchtendes Beispiel dafür, wie Gott getreu ist und die Seinen niemals verlässt. Möge das «Grosse Gebet» zum Palladium der ganzen Christenheit werden.

Interessant ist die Entstehungsgeschichte. Aus Platzgründen müssen wir uns auf einige wenige Hinweise beschränken: Urkundlich wird das «Grosse Gebet der Eidgenossen» erstmals 1423 erwähnt, und zwar im Luzerner Ratsprotokoll 1423, 38 b. Nach der Schlacht von Arbedo verfügte der Rat von Luzern die jährliche Abhaltung einer Schlachtjahrzeit, bei welcher Gelegenheit «das grosse gebett» zu verrichten sei. Das «Grosse Gebet» war also damals bereits bekannt und eingebürgert. Dreizehn Jahre später meldete das Luzerner Umgeldbuch, dass den Klosterfrauen zu Engelberg 1436 für eine getreue Abschrift «vom grossen gebett» der stattliche Betrag von über sechs Pfund ausbezahlt worden sei. Das legt sogar die Vermutung nahe, dass das «Grosse Gebet» in Engelberg, das im 14. Jahrhundert eine Blütezeit der Mystik erlebt hatte, entstanden sei. (Vergleiche Th. v. Liebenau, Katholische Schweizer Blätter 1899, p. 254.)

Es ist das Verdienst des Zürcher Stadtpräsidenten Sigmund Widmer, dass er die enge geistige Verwandtschaft zwischen Eidgenossenschaft und Mystik erkannt hat; im 2. Band der «Illustrierten Geschichte der Schweiz» schreibt er:

«Zwischen der Eidgenossenschaft, den Bettelorden und der Mystik besteht aber nicht nur ein äusserlich-zeitlicher, sondern auch ein innerer Zusammenhang. So wie die Bettelorden mit der aristokratischen Welt grundsätzlich brachen, so taten es auch die Eidgenossen. So wie der Mystiker versuchte, als Individuum zur göttlichen Wahrheit zu gelangen, so versuchten auch die Eidgenossen, auf ein neues, individuelles Mensch-Sein zurückzufinden ... Und es ist von tiefster symbolhafter Bedeutung, dass einer der spätesten und entferntesten Denker aus dem Kreise der Mystiker, Niklaus von Flüe, in einem Augenblick der schärfsten, politischen Zerwürfnisse als rettender Geist auftrat. Selbst die von überschäumender Lebenskraft trunkenen Politiker des ausgehenden 15. Jahrhunderts vermochten die Stimme eines Einsiedlers noch zu hören und zu verstehen. Es ist dies ein Beweis von nicht mehr zu übertreffender Kraft für die Doppelnatur des Eidgenossen. Krieger und Mystiker sind zwei extreme Formen des Mensch-Seins. Die Eidgenossen verfügten über beide. Vielleicht liegt darin eines der Geheimnisse für die völlig originale und eigenwillige Staatswerdung unseres Landes.»

Ab Mitte des 15. Jahrhunderts wird dann Einsiedeln der Hauptherd der Verbreitung. Eine Handschrift des Klosters Hermetschwil im Kanton Aargau vom Jahre 1517 enthält die älteste Einsiedler Textfassung; diese war ursprünglich für die Zürcher Fraumünsterabtei bestimmt und kam später ins Kloster Hermetschwil.

In Schwyz muss das «Grosse Gebet» schon früher bekannt gewesen sein, denn 1531 wurde es vom Landrat offiziell eingeführt und dessen Abhaltung durch strenge staatliche Bestimmungen geschützt. Ein besonderer Förderer des «Grossen Gebetes» war der spätere Abt von Einsiedeln, Ulrich Wittwiler, der eine am 12. Dezember 1575 vollendete Handschrift, versehen mit einer persönlichen Widmung, durch den Lehrer Jakob Wendeli von Ingenbohl der Pfarrei Morschach vermachte. Diese Handschrift wurde vom protestantischen Prof. Delitzsch aus Leipzig entdeckt und 1864 in Leipzig neu herausgegeben. Wir bringen diese Urfassung im Anhang dieses Buches in vollständiger Wiedergabe; einzig die Einleitung von Prof. Delitzsch wurde um einige wenige, mehr persönliche Abschnitte gekürzt. Dieses Dokument ist schon vom sprachgeschichtlichen Standpunkt aus von höchstem Interesse. Wer sich die Mühe nimmt, sich darin zu vertiefen, macht interessante Entdeckungen.

Die vorliegende Ausgabe stützt sich vor allem auf die schwyzerische Textfassung, die 1905 beim Verlag A. Wieget, Buchbinder, in Schwyz erschien, und auf die bereits erwähnte Ausgabe von P. Ildefons Betschart vom Jahre 1937. Die im «Grossen Gebet» verwendeten Bibelzitate wurden nachgeprüft und zum Teil durch die heute geläufigeren Formulierungen der weit verbreiteten Hamp / Stenzel / Kürzinger-Bibelübersetzung ersetzt. Die Überarbeitung wurde quellengetreu vorgenommen und beschränkt sich im wesentlichen auf sprachliche Neufassungen dort, wo solche angebracht waren. Bei einem echten Volksgebet, das über Jahrhunderte hinweg im Volk lebendig ist, ist eine solche jeweilige sprachliche Anpassung notwendig und legitim.

Arnold Guillet

Wie ein grosser Sohn der alten Eidgenossen die schwierigste aller Fragen beantwortet hat

O mensch, hab gott in deinem muot und halt in für das best unnd alles guot.	O Mensch, hab Gott in deinem Mut und halte ihn für das beste und höchste Gut.
O mensch, wilt du erkennen, ob du gott lieb habest?	O Mensch, willst du erkennen, ob du Gott lieb habest?
So merk, wann du kummer und leyden tragest.	So merke dir wohl, wie du Kummer und Leiden ertragest.
Magst du kummer und leyden tragen unnd leyden den weltlichen spott lauterlich durch gott:	Wenn du Kummer und Leiden und den Spott der Welt erträgst aus lauterer Liebe zu Gott:
So magst du wol erkennen, dass du liebhabest den allmechtigen gott.	Daran kannst du erkennen, ob du lieb habest den allmächtigen Gott.

Hl. Niklaus von Flüe (1417—1487)

Das Grosse Gebet der Eidgenossen

Aus der Tiefe rufe ich zu Dir, o Herr.
Höre, Herr, auf meine Stimme!
Mögen Deine Ohren lauschen auf mein lautes Flehen!

Psalm 130,1

Das Gebet, die stärkste Kraft der Welt.

Frank C. Laubach

Am gewaltigsten ist der Mensch, wenn er die Hände faltet.

Sören Kierkegaard

Das Gebet ist die mächtigste Form der Energie, die wir ausstrahlen.

Alexis Carrel

Die meiste Kraft ziehen wir dann aus dem Gebet, wenn wir es verrichten, nicht als ein Betteln um diese oder jene Gabe, sondern als eine Bitte, Ihm, Gott, ähnlicher zu werden, und als Dank für seinen immerwährenden Beistand.

Alexis Carrel

Du kannst, ja, du, eine Antwort auf das Gebet sein. Es muss Arbeit getan werden; ein Sieg muss errungen werden; Millionen sollten beten.

Nach A. D. Bucher

VORBEREITUNGSGEBET

Im Namen unseres Herrn Jesu Christi wollen wir alle unsere Werke vollbringen.
Dieses Gebet heisst das «Grosse Gebet», weil es schon früher in grossen und schweren Anliegen des Landes und für die Nöte der gesamten Christenheit allgemein gebetet wurde. Die Altväter und Klosterleute haben es angefangen, und von alters her haben es auch die weltlichen Leute in den drei Ländern gelernt, weshalb sie der liebe Gott auch niemals verlassen hat.
Zuerst soll jeder von uns sich selbst erkennen, seiner Sünden und Missetaten sich erinnern, womit er Gott unsern Herrn beleidigt hat. Er soll darüber Reue und Leid erwecken und sich mit aller Kraft vornehmen, mit der Gnade Gottes nicht mehr zu sündigen und die Gelegenheit zur Sünde nach bestem Vermögen zu meiden. Wir sollen auch stets den Willen haben zu beichten und zu büssen und nach allen unseren Kräften die Gebote Gottes und seiner heiligen katholischen Kirche zu halten.

Betet drei Vater unser.

Lasst uns dieses Gebet verrichten zum Lobe und zur Ehre der hochheiligsten Dreifaltigkeit.
Wir empfehlen uns in die Allmacht des Vaters, in die Weisheit des Sohnes und in die Güte des Heiligen Geistes. Dreieiniger Gott, erbarme Dich unser, verzeihe uns unsere Sünden und behüte uns vor allen sichtbaren und unsichtbaren Feinden.

Betet drei Vater unser.

ERSTER TEIL

Wir danken dem allmächtigen Gott für seine gewaltige Schöpfung, für die Erschaffung des Himmels, der Erde und aller Kreaturen, besonders aber unserer Stammeltern Adam und Eva. Gott ruhte am siebten Tag und heiligte ihn. Es soll uns leid tun, wenn wir die Sonn- und Feiertage entheiligt haben. Gott helfe uns, diese Ruhetage in seinem Geiste zu heiligen gemäss seiner Satzung.

Betet drei Vater unser mit gefalteten Händen.

Wir danken dem allgütigen Gott, dass er Adam und Eva ins Paradies, den schönsten Garten der Welt, eingesetzt hat. Zwar hat Gott unseren Stammeltern alle Geschöpfe zum Unterhalt und Vergnügen untergeordnet, ihnen aber die Frucht vom Baum der Erkenntnis des Guten und Bösen verboten.

Betet drei Vater unser.

Lasst uns in tiefer Demut anbeten die unbegreifliche Liebe Gottes zu uns Menschen; er hat uns nach seinem Ebenbild erschaffen, auf dass wir in unaussprechlicher Glückseligkeit ewig mit ihm leben sollen. Darum hat er auch jedem von uns einen seiner treuen Engel zum Führer gegeben, der uns auf allen Wegen beschützen soll. Wir wollen deshalb alle neun Chöre der Engel und alle Heiligen des Himmels anrufen, dass sie den Allmächtigen bitten in allen Drangsalen und Anliegen der gesamten Christenheit, insbesondere der heiligen katholischen Kirche.

Betet drei Vater unser mit erhobenen Händen.

Der erste Fall unserer Stammeltern, Adam und Eva, macht uns traurig, weil sie sich von der Schlange Satans verführen liessen und Gott untreu wurden. Machen wir uns doch Gedanken über die schrecklichen Folgen der Sünde. Unsere ersten Eltern wurden von Gott aus dem Paradies verstossen; sie und wir, ihre Nachkommen, wurden dem Elend dieser Welt preisgegeben und mit dem ewigen Tode bestraft. Gütiger Gott, wir bitten Dich mit reumütigem Herzen, verzeihe uns gnädig die Übertretungen Deiner Gebote.

Betet drei Vater unser mit erhobenen Händen.

Lasst uns anbeten die göttliche Gerechtigkeit. Als die Menschen sich vermehrt hatten, lebten sie in Unzucht und Laster. Alles Fleisch ging den Weg des Verderbens. So reizten die Menschen den Zorn des Unendlichen, dass er durch die Sündflut alle Geschöpfe der Erde vertilgte. Nur Noe und seine Kinder und die Tiere, die in der Arche waren, wurden verschont. O Herr, gib uns eine heilige Furcht vor Deiner Grösse und zugleich eine kindliche Liebe zu Dir, dass wir nicht durch Unkeuschheit Deine göttliche Gerechtigkeit über uns herabrufen.

Betet drei Vater unser mit gefalteten Händen.

Zur Zeit des Abraham und des Loth hatten die Menschen die fürchterliche Strafe der Sündflut bereits vergessen; sie lebten wieder in Unzucht und aller Gottlosigkeit. Zur Strafe für diese furchtbaren Sünden wurden fünf Städte von Feuer und Schwefel verschlungen. O ihr Menschen, zittert vor der göttlichen Gerechtigkeit!

Betet drei Vater unser mit erhobenen Händen.

Alle Plagen und alles Elend auf Erden sind Folgen der Sünde. Gott wollte nur das Glück des Menschen. Unter Blitz und Donner gab er dem Moses auf zwei steinernen Tafeln seine zehn Gebote. Das sündige Volk aber machte sich zur gleichen Zeit ein Götzenbild, brachte ihm Opfer dar und umtanzte das goldene Kalb nach Art der Heiden. Deshalb wurden zu Oreb dreiundzwanzigtausend Männer erschlagen. Allmächtiger Gott, lass uns erkennen, wo wir uns von abergläubischen Vorstellungen leiten lassen. Wir wollen uns bessern und bekehren, so wir etwas mehr lieben sollten als Dich!

Betet drei Vater unser, sitzend.

Als Josua das Volk Gottes gegen dessen Feinde anführte, rief Moses während der Schlacht mit ausgespannten Armen zum Allmächtigen um Hilfe. So lange Moses betete, so lange siegte das Volk Gottes; wenn er aber vom Gebete abliess, siegten die Feinde. Moses fing wieder an zu beten und liess nicht ab, bis das ganze feindliche Heer überwunden war. Auch wir sollen ohne Unterlass und mit Eifer und Andacht im Gebet verharren, bis der gütige Gott uns erhört.

Betet drei Vater unser.

Den Kindern Israels mangelte es in der Wüste an gar nichts, und doch murrten sie wider Gott und Moses. Der gerechte Gott strafte sie mit giftigen Schlangen, die viele Menschen durch ihre Bisse töteten. Lasst uns den Allerhöchsten um die christliche Geduld bitten, damit wir alles gut aufnehmen, komme es von Gott oder den Menschen.

Betet drei Vater unser mit erhobenen Händen.

Die lieben Altväter lebten gerecht und fromm vor dem Herrn und riefen immer wieder zu Gott um Gnade und Barmherzigkeit. Der Herr erhörte ihr Flehen und erbarmte sich des Menschengeschlechtes; um uns vor dem ewigen Tode zu erlösen, beschloss er, seinen eigenen Sohn auf die Welt zu senden.

Betet drei Vater unser mit gefalteten Händen.

Der Erzengel Gabriel verkündete der reinsten Jungfrau zu Nazareth den Willen des Herrn Himmels und der Erde. Maria betete Gott in tiefster Demut an, unterwarf sich seinen Beschlüssen und nannte sich bescheiden eine Magd des Herrn. So demütig empfing sie Gottes Sohn, den Herrn und Erlöser der Welt.

Grüsst die Jungfrau mit einem Ave Maria mit tief gebeugtem Haupt.

Mit welcher Reinheit und Sehnsucht hat Maria den Sohn Gottes in ihrem jungfräulichen Leib empfangen und mit welchem stillen Frohlocken hat sie den Herrn getragen, als sie über das Gebirge ging zu ihrer Base Elisabeth. Für alle Frauen, die in guter Hoffnung sind, dass sie die Grösse des Wunders erkennen, das unter ihrem Herzen geschieht,

betet drei Ave Maria mit kreuzweis über der Brust gefalteten Händen.

Als der Sohn des Allerhöchsten in einem Stall zu Bethlehem geboren wurde, erstrahlte das Licht des Herrn über die ganze Erde und es geschahen viele Wunderzeichen. Maria, die Gottesmutter, wickelte das Kind in Windeln und legte es in eine Krippe. Die Engel verkünden das ewige Wort und fordern Himmel und Erde zur Freude auf: «Ehre sei Gott in der Höhe und Friede den Menschen auf Erden, die eines guten Willens sind!» Herr, mache uns zu Menschen guten Willens und lass Deinen lieben Sohn auch in unseren Herzen zur Welt kommen! Schenke der ganzen Christenheit Deinen Frieden!

Betet ein Vater unser und Ave Maria mit erhobenen Händen.

Komm, o Mensch, zur Krippe. Betrachte die Gottesmutter, wie sie — von Liebe, Freude und Entzücken durchdrungen — ihr liebes Kind zum ersten Mal anblickt und niederkniet und es anbetet als den Herrn und Erlöser des ganzen Menschengeschlechtes.

Betet drei Ave Maria mit über der Brust gekreuzten Armen.

Hört, wie die Engel in den Lüften singen und die grosse Freude kund tun, wie sie die Hirten und alle, die reinen Herzens sind, zur Krippe einladen, um ihren und der ganzen Welt Erlöser anzubeten.

Betet zwei Vater unser mit erhobenen Händen.

Der Erstgeborene, Gott und Mensch zugleich, unterzog sich freiwillig dem Gesetz, liess sich beschneiden und vergoss so das erste Blut für uns. Er erhielt den Namen Jesus, wie der Engel ihn schon vor seiner Geburt genannt hatte. Sprecht mit Bruder Klaus: «Der Name Jesus sei euer Gruss!» Dass wir im Namen Jesu alles beginnen und vollbringen,

betet drei Vater unser und Ave Maria mit tief gebeugtem Haupt.

Betrachten wir das tiefe Mitleid, welches die Gottesmutter bei der Beschneidung ihres liebsten Sohnes in ihrem Herzen empfunden hat.

Betet drei Ave Maria.

Beachten wir auch die überaus grosse Freude der Gottesmutter, da sie sah, wie die drei Könige von einem Stern des Himmels zur Krippe geführt wurden und dem göttlichen Kinde in tiefer Anbetung ihre Opfer darbrachten. Dass Gott uns helfe, in unserem Leben einzig seinen göttlichen Willen zu suchen und zu tun.

Betet drei Vater unser mit aufgehobenen Händen.

Die heiligen drei Könige wurden von einem Engel angewiesen, nicht wieder zu Herodes zurückzukehren, da er das göttliche Kind zu töten trachte. Da kehrten sie auf anderen Wegen in ihre Länder zurück. Dass wir auf die Einflüsterungen unserer Engel hören,

betet drei Vater unser.

Die heilige Jungfrau opferte den göttlichen Sohn im Tempel auf. Der greise Simeon erkannte sogleich den Herrn der Welt, empfing ihn auf seine Arme und sprach: «Nun entlässest Du, o Herr, Deinen Diener im Frieden gemäss Deinem Wort; denn meine Augen haben das Heil der Welt gesehen!» Dass der allmächtige Gott auch uns sein Heil schauen lasse und der ganzen Christenheit seinen Frieden gebe,

betet drei Ave Maria mit gekreuzten Armen, stehend.

Wie wird Maria erschrocken sein, als ihr Simeon weissagte, dass ein siebenfaches Schwert ihr mütterliches Herz durchbohren werde. Dass unser Herr uns behüte vor Schande und Herzeleid und allen Lebenden und Toten zu Hilfe eile,

betet sieben Ave Maria.

Als Herodes befahl, alle Knäblein unter zwei Jahren zu töten, nahm Joseph das Kind und seine Mutter und floh mit ihnen nach Ägypten. Überall dort, wo sie vorbeikamen, stürzten die Götzenbilder zusammen. Wer aber kann sich die Armut und die Bedrückung vorstellen, die die heilige Familie in diesem fremden Land erdulden musste? Herr, gib uns die Kraft und den Mut, dass wir wie Joseph auch in der Verfolgung zu Jesus halten und seine Sache zur unseren machen.

Betet drei Vater unser mit erhobenen Händen.

Indem Herodes in Bethlehem alle unschuldigen Kinder umbringen liess, glaubte er damit auch den neugeborenen König der Juden aus der Welt geschafft zu haben. Aber der Himmel vereitelte seine Anschläge. Gedenken wir aller, die je um des Namens Jesu willen Tod und Marter erlitten haben, dass Gott uns auf ihre Fürsprache helfe, ihrer Leiden und Verdienste teilhaftig zu werden.

Betet drei Vater unser.

Maria war untröstlich, als sie auf der Rückreise vom Osterfest ihren zwölfjährigen Jesus vermisste. Voller Angst kehrte sie mit Joseph nach Jerusalem zurück, und zu ihrer grössten Freude fanden sie ihn als Lehrer unter den Gelehrten im Tempel, wo alle ob seiner göttlichen Weisheit staunten. Himmlischer Vater, lass uns alles zustossen, nur dass wir Jesus niemals verlieren.

Betet drei Ave Maria in tiefer Verbeugung.

Betrachten wir das verborgene Leben in Nazareth, wie Jesus seinen Eltern untertan war und auch die bescheidenen Werke des Alltags heiligte. Dass auch wir zunehmen «an Alter und Weisheit vor Gott und den Menschen»!

Betet ein Vater unser und Ave Maria.

Als Jesus seiner Menschheit nach dreissig Jahre alt geworden war, liess er sich von Johannes dem Täufer im Jordan taufen. Herr, erbarme Dich aller, die auf Deinen Namen getauft sind und die den Namen eines Deiner Heiligen tragen.

Betet drei Vater unser mit erhobenen Händen.

Nach der Taufe ging Jesus in die Wüste, fastete vierzig Tage und vierzig Nächte lang und wurde dreimal vom Teufel versucht. Er wollte uns lehren, wie wir durch Gebet und Fasten den Versuchungen des Fleisches, der Welt und der Hölle widerstehen und sie mit Gottes Gnade überwinden können.

Betet drei Vater unser.

Als Jesus aus der Wüste kam, wählte er sich zwölf Apostel und zweiundsiebzig Jünger aus, unterrichtete sie im wahren Glauben, lehrte sie die Gebote halten und zeigte ihnen den Weg, der zum ewigen Leben führt. Herr, rufe uns zu Deiner Nachfolge und lass uns Deine treuen Jünger werden.

Betet ein Vater unser und ein Ave Maria.

Wir danken unserem lieben Herrn, dass er uns voranging und uns unterwies, mild und demütig von Herzen zu sein, dass er viele Wunderzeichen wirkte, um uns Menschen von Sünden und Lastern zum wahren Glauben zu bekehren. Er trieb Teufel aus, erweckte Tote zum Leben, machte Aussätzige rein, Blinde sehend, Stumme redend und Kranke wieder gesund. Wir bitten, dass er auch uns unsere Sünden verzeihen und uns von allen Übeln der Seele und des Leibes befreien wolle.

Betet drei Vater unser mit gefalteten Händen.

Jesus tat grosse Wunder; aus Wasser machte er Wein. Den Lazarus, den er lieb hatte, rief er ins Leben zurück. Der göttliche Erlöser weinte nicht so sehr über den Lazarus, als vielmehr über uns, die wir so lange im Grabe der Sünde liegen. Bitten wir doch den Herrn von ganzem Herzen, dass er den ewigen Tod von unseren Seelen abwenden und uns mit seiner Gnade zum ewigen Leben stärken wolle.

Betet drei Vater unser mit erhobenen Händen.

Am Palmsonntag ritt Jesus unter den lauten Hosannarufen des Volkes in Jerusalem ein. Die ganze Stadt kam in Bewegung und sprach: «Wer ist dieser?» Die Scharen aber riefen: «Das ist Jesus, der Prophet aus Nazareth in Galiläa.» Als er mit einer Geissel die Händler und Wechsler aus dem Tempel trieb, erregte er den Zorn der Priester und Pharisäer. War er unter Jubel empfangen worden, wurde er unter Schmähungen verstossen. Noch des Nachts musste er die Stadt verlassen und eine kleine Stunde Weges nach Bethanien gehen. Der göttliche Erlöser zeigt uns hier, dass die Ehren dieser Welt kurz und vergänglich sind, und dass wir uns einzig um die Ehre Gottes kümmern sollen, die ewig dauern wird.

Betet drei Vater unser.

Bedenkt, wie unser Herr und Heiland vor seinem Leiden von seiner geliebten Mutter Abschied nahm. Er hatte ihr alles vorhergesagt, was er für die Sünden der ganzen Welt zu leiden haben werde. Himmel und Erde trauerten bei diesem herzzerreissenden Abschied.

Betet zwei Vater unser und zwei Ave Maria.

Mit Tränen und dankbarem Herzen sollen wir erwägen, wie Jesus sich vom Apostel Judas verraten und um dreissig Silberlinge an die Juden verkaufen liess. Der Sohn Gottes, den Himmel und Erde nicht bezahlen könnten, wird um schnödes Schmiergeld verkauft! Bitten wir den allmächtigen Gott, damit wir mit dem Beistand des Heiligen Geistes erkennen mögen, ob wir uns versündigt haben an fremdem Gut, durch Betrug, Wucher, Ungerechtigkeit und Lieblosigkeit gegen den Nächsten oder gar durch zu grosse Liebe zum Geld!

Betet ein Vater unser und Ave Maria mit gesenktem Haupt.

Betrachten wir unseren lieben Heiland, wie er am Hohen Donnerstag mit seinen Jüngern das Osterlamm ass. Nach dem Abendmahl wusch er seinen Jüngern die Füsse und sprach: «Denn ein Beispiel gab ich euch, damit so, wie ich euch tat, auch ihr tut.»

Betet zwei Vater unser.

Nachdem Jesus den Jüngern die Füsse gewaschen hatte, setzte er sich wieder zu Tisch, nahm das Brot in seine heiligen Hände, segnete es, brach es, gab es seinen Jüngern und sprach: «Nehmet hin und esset, das ist mein Leib, der für euch hingegeben wird.» Dann nahm er den Kelch, dankte seinem himmlischen Vater, segnete ihn und sprach: «Trinket alle daraus, das ist mein Blut, das für euch und für viele Menschen vergossen wird zur Vergebung der Sünden. Sooft ihr dies tut, tut es zu meinem Andenken.»

Betet drei Vater unser.

Christus, der die Seinen liebte, liebte sie bis ans Ende. Denn das Kostbarste, was er im Himmel und auf Erden besass, das gab er uns armen Sündern, nämlich sich selbst im allerheiligsten Altarssakrament. Er gab es auch dem Judas wie den andern Aposteln. Judas liess sich aber weder von der unendlichen Güte noch von der süssen Lehre des Heilandes belehren. Darum war Jesus sehr betrübt, klagte es seinen Jüngern und sprach: «Einer von euch wird mich verraten ... Der Menschensohn geht zwar hin, wie von ihm geschrieben steht, doch wehe jenem Menschen, durch den der Menschensohn verraten wird; besser wäre es — er wäre nicht geboren — jener Mensch.» Die Jünger erschraken ob dieser Rede und mit Entsetzen betrachtete einer den andern.

Betet drei Vater unser mit gekreuzten Armen.

Hierauf hielt Jesus seine Abschiedsreden und sprach sein hohepriesterliches Gebet. Er tröstete und ermunterte seine Jünger bis in die Nacht hinein. Erforschen wir unser Gewissen, ob wir nicht durch Wort und Tat oder in Gedanken die heiligen Sakramente, die kirchlichen Zeremonien, das priesterliche Amt und die Predigt gleichgültig übergangen haben.

Betet drei Vater unser.

ZWEITER TEIL

Nach dem Abendmahl kniete Jesus nieder und bat seinen himmlischen Vater für seine Jünger und für alle, die in Wahrheit den christlichen Glauben annehmen. Darnach ging er mit seinen Jüngern hinaus und begab sich in den Garten Gethsemane am Ölberg, um dort zu beten.

Betet zwei Vater unser mit gefalteten Händen.

Jesus sprach zu seinen Jüngern: «Setzt euch hier nieder, während ich dorthin gehe und bete.» Er nahm den Petrus, Jakobus und Johannes mit sich und führte sie von den andern weg. Er stand vor ihnen, erzitterte in allen seinen Kräften und sprach zu ihnen: «Meine Seele ist betrübt bis in den Tod; bleibt hier und wachet mit mir.» Die drei Jünger erschraken ob dieser Rede so sehr, dass sie ganz verstummten und dem Herrn keine Antwort geben konnten; sie fingen bitterlich zu weinen an.

Betet drei Vater unser mit gekreuzten Armen.

Jesus ging einen Steinwurf weiter, fiel auf sein Angesicht, betete und sprach: «Mein Vater, wenn es möglich ist, so nimm diesen Kelch von mir, aber nicht mein Wille geschehe, sondern der Deine!» Seine Angst und seine Not wurden so gross, dass blutiger Schweiss hervorbrach und sein Rock und die Erde sein heiliges Blut auffingen.

Betet drei Vater unser, auf der Erde liegend.

Der Herr ging wieder zu seinen Jüngern und fand sie schlafend. Er fragte sie: «Könnt ihr nicht eine kleine Weile mit mir wachen? Der mich verraten wird, der schläft nicht. Der Geist ist zwar willig, aber das Fleisch ist schwach.» Und er entfernte sich zum dritten Mal und betete wie vorher. Die schreckliche Angst und der blutige Schweiss wurden so furchtbar, dass der Vater im Himmel sich seines Sohnes erbarmte und ihm einen Engel sandte, der ihn stärkte und sprach: «Jesus, Du wirst mit Deiner Marter, mit Deinem blutigen Schweiss und mit Deinem Tod das ganze Menschengeschlecht erlösen.» Lasst uns den Heiland in seiner Todesangst am Ölberg bitten, dass er in der grossen Stunde, da der Todesschweiss auch über uns herabrinnen wird, uns seinen Engel zur Stärkung sende und uns in aller Versuchung und Not behüte.

Betet drei Vater unser mit gekreuzten Händen.

Der Herr nahte sich seinen Jüngern und sprach: «Jetzt schlafet und ruhet.» Auch er wollte auf einem Stein etwas ausruhen. Sein Schlaf war kurz, umso grösser seine Angst und Not. Dann sagte er zu seinen Jüngern: «Steht auf und seht, der mich verraten wird, kommt jetzt. Wir gehen ihm entgegen.» Diese Rede erschreckte die Jünger sehr und sie fuhren auf. Der Herr ging seinen Feinden entgegen, entkräftet und doch stark. Er fragte die Juden: «Wen sucht ihr?» Sie sprachen: «Jesus von Nazareth.» Jesus antwortete: «Ich bin es.» Da fielen alle wie vom Blitz getroffen auf die Erde hin. Der Herr liess sie wieder aufstehen. Dieses Fragen und Hinfallen geschah dreimal. Herr, gib doch auch Deinen Feinden die Gnade, dass sie Dich erkennen und freiwillig und nicht gezwungenermassen vor Dir niederfallen.

Betet drei Vater unser mit ausgestreckten Armen.

Da gab Jesus den Juden Gewalt über sich selbst, aber nicht über seine Jünger. Er empfing den Kuss des Verräters, womit Judas ihn in den Tod gab, und liess sich fangen und binden, auch freventlich auf die Erde werfen. Lasst uns den durch seinen eigenen Apostel verratenen Herrn bitten, dass er uns alle, die wir von Sünden und Lastern umstrickt sind, befreien und erlösen wolle.

Betet drei Vater unser, sitzend, mit erhobenen Händen.

Als Petrus dies sah, zog er sein Schwert und hieb einem Knecht des Hohenpriesters das rechte Ohr ab. Da sprach der Heiland zu Petrus: «Stecke dein Schwert in die Scheide! Denn alle, die das Schwert ergreifen, werden durch das Schwert umkommen. Oder meinst du, ich könnte meinen Vater nicht bitten, und er würde mir nicht sogleich mehr als zwölf Legionen Engel zu Hilfe schicken? Wie aber würde dann die Schrift erfüllt, dass es so geschehen muss?» Dann nahm er das Ohr und setzte es dem Malchus wieder an. O Herr, behüte uns, unsere Landsleute und alle, die zu uns gehören, in allen Anliegen des Leibes und der Seele.

Betet drei Vater unser mit gefalteten Händen.

Nun ward unser Herr von allen seinen Jüngern verlassen und ganz von Feinden umringt, die so grob auf ihn eindrangen mit Schlägen, Stössen und Wutgeheul, dass Jesus beinahe zusammenbrach und ob der unbeschreiblichen Härte der Juden weinte. Mit Knüppeln trieben sie ihn über den Bach Kedron und zogen ihn durch die Gassen der Stadt zu Annas, dem ersten Richter, wo er aufs neue auf alle mögliche Art geschmäht, verspottet und geschlagen wurde.

Betet drei Vater unser mit aufgereckten Händen.

Wie muss es Maria, der Mutter Gottes, zu Mute gewesen sein, als sie erfuhr, dass Jesus von den Juden gefangen worden sei. Welche Angst, welcher Schrekken, wird die zärtliche Mutter des Herrn überfallen haben! Dass die Mutter Jesu für uns bitte und uns vor allem Herzeleid bewahre,

betet drei Ave Maria mit gefalteten Händen.

Petrus verleugnete unseren Herrn dreimal, aber er bereute seine Sünde bitterlich, als Jesus ihn mit traurigen Augen ansah. Herr, gib uns Mut, unseren Glauben zu bekennen und für Deine Sache einzutreten!

Betet zwei Vater unser.

Jetzt wurde Jesus vor das Gericht geführt und erlitt grosse Schmach und grässliche Verspottungen, die der Welt nicht alle offenbar sind, die aber sicher einst am Jüngsten Tag bekannt werden.

Betet zwei Vater unser.

Jesus litt unaussprechliche Not. Er musste die schimpflichsten Verspottungen über sich ergehen lassen, denn die Juden und Henkersknechte wetteiferten, wer von ihnen der einfallsreichste sei im Schlagen, im Herumstossen, im Verspeien und Leidantun. König Herodes liess ihm ein weisses Spottkleid anlegen, damit er auch den Kelch des Hohnes und der Schmach bis auf die Hefe trinke. So wurde Jesus vom Palast des Herodes ins Haus des Pilatus zurückgeführt.

Betet drei Vater unser mit gefalteten Händen.

Dann wurde unserem Heiland das Gewand abgezogen. Nackt und bloss stand er vor einem ausgelassenen Volk. Er wurde an eine Säule gebunden und so hart mit Geisseln und Stricken geschlagen, dass viele Streiche oft auf die gleiche Wunde fielen. Fleischfetzen blieben an den Geisseln hängen und da und dort kam das blosse Gebein zum Vorschein. Dass wir die Sünden der Schamlosigkeit meiden, die den Heiland so furchtbare Schläge an der Geisselsäule gekostet haben,

betet drei Vater unser mit erhobenen Händen.

Bewundern wir die Geduld unseres göttlichen Erlösers bei der Geisselung. Unbarmherzig zerschlugen die Henkersknechte ihre Geisseln und Ruten am Heiland, bis sie müde wurden und am heiligen Leib von der Fusssohle bis zum Scheitel keine Stelle unverletzt blieb.

Betet drei Vater unser mit gekreuzten Armen.

Kein Mensch kann die rasenden Schmerzen ermessen, die unser Heiland nach der Geisselung in allen seinen Gliedern empfand. Durch den grossen Blutverlust war er so geschwächt, dass er sich selbst nicht helfen konnte. Als sie ihn von der Säule losbanden, fiel er in Ohnmacht zur Erde ins eigene Blut.

Betet drei Vater unser mit gefalteten Händen.

Die grausamen Schergen packten den göttlichen Heiland bei den Haaren und richteten ihn gewaltsam auf. Sie legten ihm einen alten Purpurmantel um und setzten ihn auf den Spott- und Lasterstein. Sie flochten ihm eine Krone aus spitzen Dornen und drückten sie mit Knebeln gewaltsam auf sein heiliges Haupt, dass sein Blut aus vielen Wunden herunterrann. Als Zepter gaben sie ihm ein Rohr in die Hand. Bald schlugen sie ihn, bald spieen sie ihm ins heilige Antlitz, verspotteten ihn, knieten vor ihm nieder und sprachen: «Sei gegrüsst, Du König der Juden; bist Du Gottes Sohn, so sage uns, wer Dich geschlagen hat?» Wieder spieen sie ihm ins Angesicht, dass er einem Aussätzigen glich. Dass der verspottete und misshandelte Heiland unsere Hoffart verzeihen möge,

betet drei Vater unser mit zusammengelegten Händen.

So wurde unser lieber Herr wieder vor Pilatus geführt, der ihn auf einen erhöhten Platz stellen liess. In der Hoffnung, die Wut der Juden zu stillen, sprach er: «Ecce homo — Seht, welch ein Mensch! Ich kann keine Schuld an ihm finden. Ich will ihn anstelle

Zu den Bildern:

Seite 33: Der Bundesbrief vom 1. August 1291, der mit den Worten beginnt: «Im Namen des Herrn. Amen.» Der Bundesbrief, das erste amtliche Dokument der Eidgenossenschaft, wird im Bundesarchiv in Schwyz aufbewahrt.

Seite 34: Rütliwiese mit Blick auf Mythen. Auf dieser Wiese schlossen die Gründer der Eidgenossenschaft am 1. August 1291 den Ewigen Bund, den sie unter Gottes Machtschutz stellten.

Seite 35: Der Rütlischwur, Fresko in der Tellskapelle am Urnersee, gemalt 1881 von Ernst Stückelberg (1831—1903), dem berühmten Basler Historienmaler.

Seite 36: Urnersee mit Bristenstock. Hinter den Bäumen rechts liegt die Rütliwiese.

Seite 37: Urnersee mit Urirotstock, die Wiege der Eidgenossenschaft.

Seite 38: Gebet im Berner Münster vor der Schlacht bei Laupen im Jahre 1339. Die Truppe der Stadt Bern kniet im Berner Münster, um Gottes Schutz für den schweren Kampf zu erflehen. Die Krieger tragen Panzerkleidung, wahre Meisterwerke mittelalterlicher Schmiedekunst. Ihr Anführer, Hauptmann Rudolf von Erlach, kniet an der Spitze der Schar an den Altarstufen, den Blick demütig auf eine spätgotische Muttergottesstatue gerichtet. Auf der Kanzel steht der Leutpriester Diebold Baselwind und stellt seinen Mitbürgern die Allmacht Gottes vor Augen, die der Gerechtigkeit zum Sieg verhelfen wird. Aus dem Bildband «Wir Eidgenossen» von Dr. Paul Hilber.

Seite 39: Figur eines Ritters am Grabmonument des päpstlichen Reiterführers Marschall Hüglin von Schöneck, † um 1380. Ein Duplikat befindet sich in der Leonhardskirche in Basel, das Original im Historischen Museum Basel.

Seite 40: Die entscheidende Befreiungsschlacht der alten Eidgenossen war die Schlacht bei Sempach am 9. Juli 1386. Das Ritterheer unter Leopold III. war den Eidgenossen zahlen- und waffenmässig weit überlegen. Die Eidgenossen fielen auf die Knie und beteten zu Gott. Angesichts der feindlichen Übermacht sprach ein Mann vom Lande Unterwalden, Arnold Strutthan von Winkelried: «Ich will euch eine Gasse machen!» sprang plötzlich aus den Reihen und rief mit lauter Stimme: «Sorget für mein Weib und meine Kinder; treue, liebe Eidgenossen, gedenket meines Geschlechts!» Und er umschlang mit seinen Armen einige Spiesse, begrub sie in seiner Brust und drückte sie im Fallen zu Boden. Aus dem Bildband «Wir Eidgenossen» von Dr. Paul Hilber.

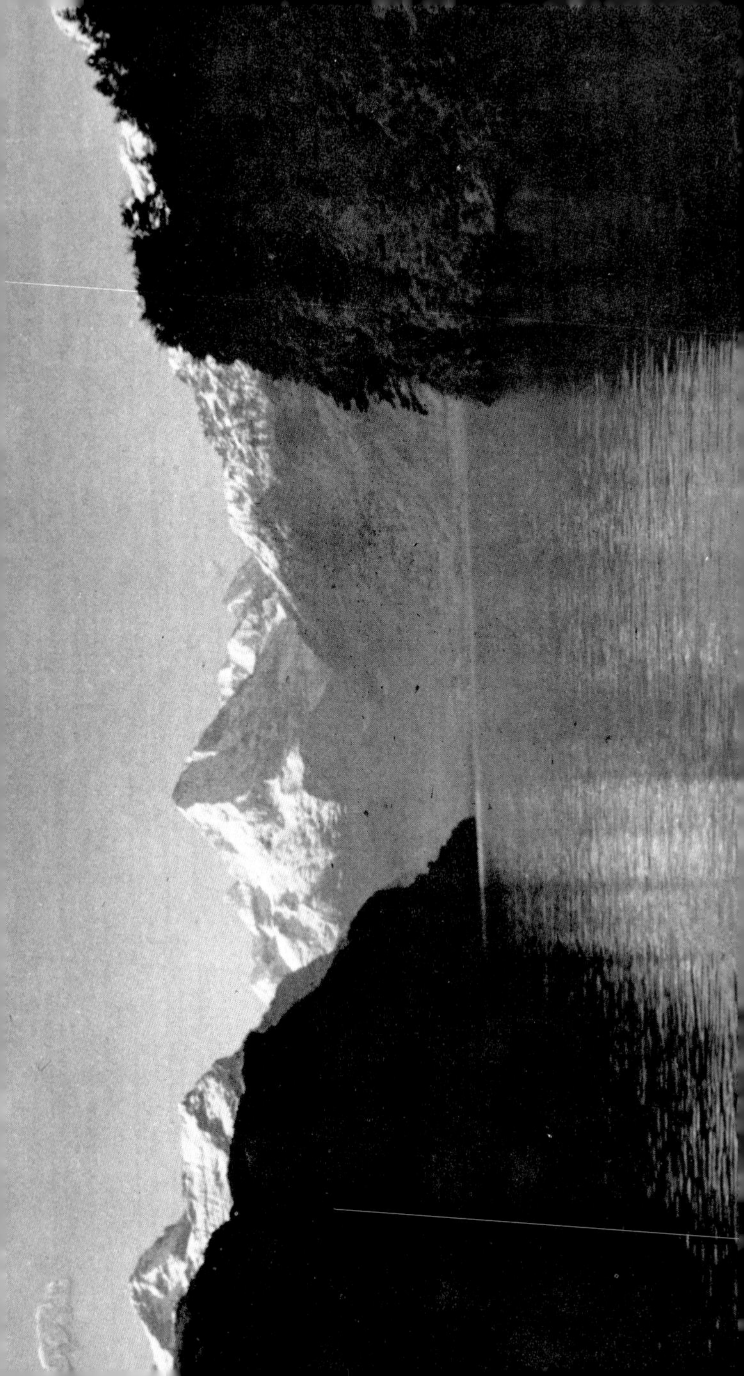

Der vorgenant lütpriester von Bern als ein ge
lerter crist bat und mant sin lieben undertanen
und alle ir verwanten/ das si sich vor allen dingē
dem almechtigen ewigen got bevelhen/ der möcht
inen/ in den grossen nöten wol zů hilf kommen
Also wurden gros bett ufgenomen von frowen und
mannen/ almůsen geben antheissen gelobt und
ander gůt werck ze tůnde/ In den dingen

Arnold
Winkelried

von Barabbas freigeben.» Aber die wütenden Juden schrieen: «Gib uns den Barabbas frei! Kreuzige Jesus von Nazareth; tust du das nicht, bist du kein Freund des Kaisers!» Da fürchtete der römische Landpfleger, er könnte seines Amtes enthoben werden und fällte darum das Urteil, Jesus solle gekreuzigt werden.

Betet drei Vater unser mit aufgerichteten Händen.

Dem Heiland wurde das Purpurkleid abgezogen; dabei wurden die vielen Wunden der Geisselung erneut aufgerissen, denn das Kleid war in diese wie eingebacken. Dann legten sie ihm wieder seinen eigenen Rock an und luden ihm das schwere Kreuz auf die verwundeten Schultern. Jesus war so entkräftet, dass er bei jedem Schritt unter dem Kreuze wankte. Da fürchteten die Juden, er werde ihnen unter den Händen wegsterben und sie kämen um den Triumph, ihn kreuzigen zu können. Aus diesem Grunde zwangen sie den Simon von Cyrene, dass er ihm das Kreuz tragen helfe.

Betet drei Vater unser, stehend.

O Jesus, welche schwere Bürde nahmst Du auf Dich! Die Sündenlast der ganzen Welt! Wir danken Dir, dass Du all diese Not und Qual ertragen hast, um uns aus der Knechtschaft Satans zur Freiheit der Kinder Gottes zu erlösen. Erbarme Dich, Jesus, über uns und über alle Menschen, für die Du so viel gelitten hast.

Betet drei Vater unser mit zusammengelegten Händen.

Welchen Schmerz und welches Mitleiden muss die Gottesmutter Maria in ihrem zärtlichsten Mutterherzen empfunden haben, als sie ihren liebsten Sohn, mit dem schweren Kreuz beladen, wankend daher kommen sah. Sie, die beste aller Mütter, folgte ihrem Sohne mit dem grössten Herzeleid, Schritt für Schritt, und rief endlich mit Tränen in den Augen: «Mein Sohn, mein armes, elendes, ganz verlassenes Kind! Wende noch einmal Dein sonst so holdes Angesicht zu Deiner armen, traurigen, bekümmerten Mutter. Lass mich Dich, Du Gottmensch, Sohn meines Herzens, noch einmal anschauen!» Voll himmlischer Güte sah Jesus seine Mutter an und sprach: «Liebe Mutter, ich trage die Sünden der ganzen Welt und das Kreuz, an dem ich des bittersten Todes sterben muss. Lass mich nicht länger warten, damit ich mein Opfer bald vollende.» Liebe Gottesmutter Maria, erflehe uns bei Deinem Sohn die Gnade, dass wir in unserer grössten Not, in der wir jetzt dies grosse Gebet verrichten, und auch in der Sterbestunde von allen sichtbaren und unsichtbaren Feinden beschirmt und errettet werden.

Betet drei Ave Maria mit gefalteten Händen.

Auf dem Kalvarienberg oben zogen die Henkersknechte unserem Herrn seinen Rock aus, der wieder in die Wunden eingeklebt war, so dass viele Wunden aufgerissen wurden. Erneut stand der Heiland nackt und bloss vor dem rohen Volke. Vor Frost zitterte er, der Mann der Schmerzen, am ganzen Leibe.

Betet zwei Vater unser, kniend.

Da zogen die Peiniger den Heiland bei den Haaren und warfen ihn rückwärts auf das Kreuz, so hart und ungestüm, dass die Wunden der Dornenkrone aufsprangen. Dann streckten sie seine heiligen Hände und Füsse gewaltsam auseinander. Der Herr hob seine Augen gen Himmel und fing gar innig für uns zu beten an.

Betet drei Vater unser mit aufgereckten Armen.

Nun begann die Kreuzigung. Unser lieber Herr liess sich so fest ziehen und spannen, dass alle Glieder und Gelenke schmerzten. Hände und Füsse wurden von scharfen Nägeln durchbohrt und der heilige Leib an das Holz des Kreuzes genagelt, dass sich Himmel und Erde darüber entsetzten. Lasst uns, die heiligen Wunden vor Augen, mit gerührtem Herzen beten

fünf Vater unser und Ave Maria, knieend, mit ausgespannten Armen.

Zu Ehren der reinsten Jungfrau und Mutter Gottes Maria, zum Dank für ihr herzliches Mitleiden, das sie mit ihrem Sohne hatte, als sie bei den Hammerschlägen erzitterte,

betet drei Ave Maria.

Nun kam der furchtbare Augenblick, da sie unter dem wilden Geschrei der Juden das Kreuz aufhoben und es mit seiner heiligen Last derart ins offene Loch herabfallen liessen, dass sein Körper vor Schmerz erbebte. O Christ, mache dir Gedanken über die Marter deines Herrn, als er zwischen Himmel und Erde an den Nägeln hing. Jesus, unser Gott und zugleich Mensch, hängt am Kreuz und bildet mit seinem ausgestreckten Leib selbst ein Kreuz. Jesus, unser Herr, segne uns an Leib und Seele, segne Land und Leute, die ganze Eidgenossenschaft und die gesamte Christenheit sowie die Früchte der Erde und die Witterung.

Betet drei Vater unser mit kreuzweise über die Brust gelegten Händen.

Die grossen Wunden mit ihrem rosenfarbenen Blut sind die fünf Minnezeichen unseres lieben Herrn Jesus Christus. Dass er unsere fünf Sinne und unsere Seelen bei unserem Lebensende in seine heiligen fünf Wunden, diese Tore zur Ewigkeit, bergen wolle, dass er dann Licht und Weg sei und eine Speise zum ewigen Leben, uns und allen Christgläubigen,

betet fünf Vater unser mit aufgehobenen Händen.

Jesus Christus, unser Heiland, sprach vom Kreuz herab die sieben letzten Worte.
Das erste Wort war ein Gebet für die Sünder: «Vater, vergib ihnen, denn sie wissen nicht, was sie tun.»
Das zweite Wort sprach er zum Schächer zu seiner Rechten: «Ich sage dir, heute noch wirst du bei mir im Paradiese sein.»
Das dritte, als er seine Mutter dem Johannes übergab und damit auch uns: «Weib, siehe da deinen Sohn. Sohn, siehe da deine Mutter.»
Das vierte Wort richtete er an alle: «Mich dürstet!» aber nicht nach leiblichem Trank, sondern nach den Seelen aller Menschen.
Das fünfte Wort war ein Aufschrei: «Mein Gott, mein Gott, warum hast Du mich verlassen!»
Das sechste, so heiss ersehnte Wort: «Es ist vollbracht!»
Das siebte Wort galt seinem himmlischen Vater: «Vater, in Deine Hände empfehle ich meinen Geist.»
Herr, lass unser Leben eine Antwort und ein Echo werden auf Dein gewaltiges Vermächtnis am Kreuz. Erlöse auch alle christgläubigen Seelen aus dem Fegfeuer.

Betet sieben Ave Maria.

Die auserwählte Gottesmutter stand unter dem Kreuz. Welch herzzerreissendes Mitleid muss sie empfunden haben, als sie alle seine Schmerzen und seine Verlassenheit miterleben und mitleiden musste und dabei ihrem liebsten Kinde nicht helfen konnte! Damit die schmerzhafte Mutter wenigstens uns, ihren Kindern, zu Hilfe kommen kann,

betet drei Ave Maria mit gekreuzten Armen.

Johannes war der einzige seiner Jünger, der unter dem Kreuze ausharrte und mit Jesus und Maria mitlitt.

Möge der Lieblingsjünger auch mit uns Mitleid haben und Fürsprache für uns einlegen,

betet drei Vater unser mit gefalteten Händen.

Die Güte unseres Erlösers kennt keine Grenzen! Der Gekreuzigte betet am Kreuz für seine Kreuziger und für das ganze Menschengeschlecht. Drei Stunden lang wollte Jesus in den grössten Schmerzen am Kreuze hangen, um der göttlichen Gerechtigkeit für die Sünden der ganzen Welt genugzutun.

Betet drei Vater unser.

Welcher Mensch kann wohl ohne tiefste Herzensrührung Jesus am Kreuz betrachten, ohne zur Reue über seine Sünden bewogen zu werden? In seinem furchtbaren Durste reicht man ihm einen Schwamm mit Essig und Galle. Während er für seine Peiniger bittet, wird er von ihnen gelästert und verspottet. Er hat keinen Ort, wo er sein müdes Haupt hinlegen kann. Er kann sich in seiner Not nicht helfen, denn er ist an Händen und Füssen angenagelt. Er gab alles, was er hatte; er litt alles, was er leiden konnte und so hat er die unendliche Schuld der Sünde abbezahlt. Zum innigen Dank dafür

betet drei Vater unser, drei Ave Maria und den Glauben.

DRITTER TEIL

Was Christus körperlich für uns litt, wurde noch bei weitem übertroffen durch die seelischen Leiden und die Erschütterungen seines Herzens. Von der Krippe bis zum Kreuz war sein inneres Leiden grösser als das äussere, obwohl sie ihm antaten, was sie nur konnten. Er sah voraus, dass viele Menschen undankbar sein werden für sein grösstes Opfer am Kreuz und dass für viele sein Leiden und Sterben verloren sei. Auch hatte er Mitleid mit den frommen Vätern in der Vorhölle, die schon seit Jahrtausenden mit grösster Sehnsucht auf ihre Erlösung warteten. Er kümmerte sich um seine hilflos zerstreuten Jünger. Und wie sehr musste der Anblick seiner trostlos verlassenen Mutter sein kindlich liebendes Herz zerreissen! Mehr als die Menschen selbst litt er für alle ihre Anliegen und Schwachheiten.

Betet drei Vater unser, kniend, mit gefalteten Händen.

Mit grossem Dank und mit gerührtem Herzen sollen wir ohne Unterlass der Not und Verlassenheit unseres Heilandes gedenken, da er seinen Geist in die Hände seines himmlischen Vaters empfahl. Die ganze Kreatur geriet in Bewegung: die Erde bebte, die Gräber der Verstorbenen öffneten sich, Tote standen auf, Felsen und Berge spalteten sich. Alle Geschöpfe erschraken und hatten Mitleid mit ihrem Schöpfer. Der Vorhang des Tempels zerriss von oben bis unten. Sonne und Mond verfinsterten sich, alle Gestirne und Kräfte des Himmels wurden bewegt. Da brach das Herz unseres Erlösers. Dass wir und alle die Seinen die Liebe seines göttlichen Herzens erwidern,

betet drei Vater unser mit gekreuzten Armen.

Longinus, einer der Soldaten, stiess mit einer Lanze in die Seite des Erlösers, und sogleich floss Blut und Wasser heraus. Damit wollte uns der Heiland lehren, die Sakramente zu schätzen als die heilsamen Brunnen, die von der Urquelle der göttlichen Gnade herströmen, um uns von den Sünden zu reinigen und um uns zu befähigen, einst am innergöttlichen Leben des allmächtigen Gottes teilzunehmen. Danken wir für die grosse Treue und Liebe, die Gott für alle Menschen hat, welche gewillt sind, seine Gebote zu befolgen.

Betet drei Vater unser mit aufgereckten Händen.

Nachdem nun der Messias von dieser Welt geschieden war, Tod und Marter überwunden, seinen himmlischen Vater versöhnt und so das ganze Menschengeschlecht vom ewigen Tod erlöst hat, stieg seine Seele in die Vorhölle und erlöste daraus alle, die in ihrem Leben den Willen Gottes getan hatten.

Betet drei Vater unser mit ausgespannten Armen.

Josef von Arimathäa nahm den Leichnam Jesu vom Kreuze ab und legte ihn in den jungfräulichen Schoss Mariens. Die heissen Tränen, die Seufzer und Klagen der Mutter Jesu dürfen kein Christenherz unberührt lassen. Damit wir das grosse Herzeleid unserer himmlischen Mutter durch eine umso grössere Liebe zu ihrem Sohne wieder aufwiegen,

betet drei Ave Maria mit gefalteten Händen.

Was wird wohl die Gottesmutter empfunden haben, als ihr allerliebster Sohn tot auf ihrem Schosse lag. Vor Schmerz brachte sie kein Wort hervor. In ihrem Herzen wird sie gedacht haben: «Mein Jesus, mein allerliebster Sohn, der Du der schönste und vollkommenste von allen Menschenkindern warst, in Deinem Anblick habe ich alle meine Hoffnung, all meinen

Trost und allezeit himmlische Süssigkeit gefunden. Aber jetzt, wie grausam bist Du verändert, wie fürchterlich haben Dich die Juden und die Sünden der Welt zugerichtet: Ich würde Dich nicht mehr erkennen, wenn ich Dich nicht selbst am Kreuz hätte sterben sehen.» Dass wir das schmerzvolle Herz Mariens durch gute Taten erfreuen mögen,

betet fünf Ave Maria, sitzend.

Dann wurde Jesus in das neue Felsengrab des Josef von Arimathäa gelegt, wo er drei Tage verblieb. Am dritten Tage aber stand er siegreich von den Toten auf. Die drei Marien, Maria Magdalena, Maria, die Mutter des Jakobus, und Maria Salome, suchten ihn beim Grabe. Der Engel aber sagte ihnen: «Jesus, der Gekreuzigte, ist auferstanden; er ist nicht mehr hier.» Dass der Glanz des auferstandenen Herrn unsere Herzen mit Dank, Freude und Hoffnung erfülle,

betet drei Vater unser mit erhobenen Händen.

Welche Freude wird die allerseligste Jungfrau und Gottesmutter in ihrem reinsten Herzen empfunden haben, da ihr göttlicher Sohn glorreich erschien, sie tröstete und ihr versicherte, alle Leiden überstanden und den Tod überwunden zu haben. Dass uns unsere liebe Frau helfe, bis zu unserer eigenen Auferstehung auszuharren,

betet drei Ave Maria mit gefalteten Händen.

Der Heiland erschien hernach auch der Maria Magdalena und seinen Jüngern noch öfters. Er kam zu ihnen durch die verschlossene Türe und sprach: «Der Friede sei mit euch!» Zum sicheren Beweis seiner wahren Auferstehung liess er den Thomas, der noch zweifelte, die Finger in seine Wunden legen. In den vierzig Tagen bis zu seiner Himmelfahrt unterrichtete er seine Apostel und Jünger über das Reich Gottes und die Gründung seiner heiligen Kirche. Dass wir die Lehren Deiner Kirche bewahren,

betet drei Vater unser mit erhobenen Händen.

Gedenken wir der Auffahrt unseres Herrn Jesu Christi, als er in Gegenwart seiner Mutter, seiner Jünger und aller, die dazu würdig waren, gen Himmel gefahren ist. Danken wir ihm für den göttlichen Segen, den er der ganzen Welt gespendet hat. Herr, segne auch unsere Seele und unseren Leib, segne Land und Leute, die ganze Eidgenossenschaft, die ganze Christenheit, die Früchte der Erde und alles, was uns zur Liebe Gottes fördert.

Betet vier Vater unser mit gefalteten Händen.

Die Jünger und Freunde Jesu versammelten sich in einem Hause und harrten unter Gebet und Betrachtung während zehn Tagen auf den von Christus versprochenen Heiligen Geist. Am Pfingstfest sandte ihnen unser lieber Herr den Heiligen Geist, der das ganze Haus erfüllte, worin die Jünger sassen; über dem Haupte eines jeden schwebten feurige Zungen. Die Apostel redeten alle Sprachen, wodurch sie viele Juden zum Glauben bekehrten. Der Heilige Geist wird allen gegeben, die getreu die Gebote halten. Auch wir wollen bitten, dass der Heilige Geist uns erleuchte, dass er uns seine sieben heiligen Gaben mitteile, damit wir Gott und auch uns erkennen, uns bekehren und mit aller Kraft das ewige Leben anstreben.

Betet sieben Vater unser mit gefalteten Händen.

Jesus Christus versammelte seine Apostel und sandte sie hinaus in alle Welt, allen Völkern die Frohbotschaft zu verkünden, auf dass sie, im christlichen Glauben gestärkt, als wahre katholische Christen jederzeit erfunden werden.

Betet drei Vater unser und den Glauben, stehend.

Endlich kam auch die Zeit, da die hochgebenedeite Jungfrau und Gottesmutter von dieser Erde hinscheiden sollte. Da kam Jesus vom Himmel zu Maria, seiner liebsten Mutter, nahm sie zu sich in das himmlische Reich und erhöhte sie über alle Geschöpfe, selbst über die neun Chöre der Engel. Rufen wir zur Mutter aller Gnaden, dass sie in allen unseren Nöten unsere Fürsprecherin sei, dass sie uns und alle die Unsrigen unter den Mantel ihrer Barmherzigkeit berge, damit unsere Feinde uns nicht schaden können und wir durch keine Todsünde von ihrem geliebten Sohne geschieden werden.

Betet drei Ave Maria mit aufgehobenen Händen.

Machen wir uns auch Gedanken über den Jüngsten Tag und das Weltgericht. Unser Herr und Erlöser, wir bitten Dich durch Dein grosses Leiden und durch das Blutzeugnis Deiner Martyrer um die Gnade, dass wir Dein Gesetz treu erfüllen und beim Jüngsten Gericht zu Deiner rechten Seite stehen mögen.

Betet drei Vater unser mit kreuzweise übereinander gelegten Händen.

Wir wollen auch beten für alle jene, die dieses Grosse Gebet je gebetet haben oder noch beten werden, oder Hilfe, Rat und Tat dazu gegeben haben oder noch tun mit Worten oder mit Werken, sie seien lebend oder tot.

Betet vier Vater unser mit ausgespannten Armen.

Lasset uns auch beten für alle, die in diesem Gotteshaus sind und in diesem Kirchgang noch leben, wie auch für alle, die daraus verschieden sind. Wir schliessen auch jene ein, die uns Gutes getan haben oder noch erweisen werden, auch alle, für die wir zu beten schuldig sind, sie mögen noch leben oder schon verstorben sein.

Betet drei Vater unser mit gefalteten Händen.

Wir rufen an das ganze himmlische Heer, die neun Chöre der Engel und alle lieben Heiligen Gottes, dass sie Gott bitten für die ganze römisch-katholische Kirche, für alle Christenmenschen, dass wir uns von ganzem Herzen zu Gott bekehren und von ihm niemals mehr geschieden werden.

Betet vier Vater unser mit erhobenen Händen.

Wir bitten den ewigen Gott für alle christgläubigen Seelen im Fegfeuer, besonders aber für jene, welche in den Nöten des Vaterlandes alles für uns gewagt und ihr Leben für uns verloren haben.

Betet vier Vater unser, mit aufgereckten Armen.

Herr, unser Gott, wir danken Dir, dass Du unseren Altvordern in ihrer Bedrängnis so oft geholfen hast, ihren Feinden zu widerstehen und sie zu überwinden. Du hast ihnen die Kraft und die Gnade geschenkt, die wahre katholische Kirche und deren Oberhaupt, den römischen Papst, zu beschützen. Der Heilige Vater in Rom und der christliche Kaiser haben unseren Altvordern die Freiheit bestätigt. Unsere Väter haben ihren Bund in Deinem Namen begonnen und mit einem Eid bekräftigt. Zum Zeichen dafür, dass wir Deine Bundesgenossen geworden sind, wurden wir mit dem heiligen Zeichen des Kreuzes beschenkt, das wir im Landesbanner führen. Allmächtiger Gott, gib uns und den Unsrigen Gnade und Erkenntnis, auch fürderhin die Christenheit und unser liebes Vaterland zu beschützen und zu beschirmen.

Betet drei Vater unser, kniend.

Wir beten an den allmächtigen, dreieinigen Gott. Wir erkennen unseren Herrn und Heiland Jesus Christus am Kreuze als unseren wahren König an; ihm danken wir aus ganzer Seele für das Werk der Erlösung. Wir empfehlen uns auch in den mütterlichen Schutz der gütigen Himmelskönigin Maria, die sich gewürdigt hat, in unserem Land eine Stätte zu wählen, die Gott selbst zu Einsiedeln im Finstern Wald geweiht hat, wo Maria uns besondere Huld und Gnade erweist. Auch rufen wir an alle heilige Patrone der ganzen Eidgenossenschaft: die hl. Grossmutter Anna, den hl. Johannes den Täufer, den hl. Petrus und alle Apostel, den hl. Meinrad, die hl. Felix und Regula, den hl. Karolus, den hl. Fridolin, unseren heiligen Kirchen- und Landespatron Martinus, die hl. Ursula mit ihrer Gesellschaft, die zehntausend Ritter und Märtyrer, die vierzehn hl. Nothelfer, den hl. Moritz, den hl. Beat, den hl. Gallus, den hl. Othmar, den hl. Gotthard und alle lieben Heiligen Gottes, dass sie Gott für uns bitten, damit er unsere Leute und unser Land in seinem göttlichen Frieden und Segen erhalte und uns vor allem Übel bewahre, auf dass wir nach seinem Willen leben und bis ans Ende im Guten verharren.

Betet drei Vater unser.

Wir bitten unsern lieben Herrn, dass er uns vor Krankheiten und allen Plagen und allem Unglück behüte und bewahre, dass er uns Frieden und Einigkeit in den Familien und das Gedeihen der Früchte der Erde schenke. Herr, erleuchte uns mit Deiner Gnade, dass wir in uns gehen und die vielen Sünden erkennen, uns bekehren und nicht mehr in dieselben zurückfallen.

Betet zwei Vater unser.

Auch wollen wir unsere heiligen Schutzengel und alle Heiligen Gottes bitten, dass sie uns vor allen sichtbaren und unsichtbaren Feinden behüten und uns vor allen Widerwärtigkeiten des Leibes und der Seele beschützen — jetzt und am Ende unseres Lebens.

Betet ein Vater unser und Ave Maria.

Lasst uns auch beten für unsere verstorbenen Eltern, für unsere Vorfahren, für unsere Verwandten, für die Seelen aller Christgläubigen, seien es Freunde oder Feinde, für alle, für die wir zu beten schuldig sind, auf dass der allmächtige Gott ihnen helfen, sie trösten, sie aus allen ihren Ängsten und Nöten des Fegfeuers erlösen und ihnen die ewige Ruhe und Seligkeit schenken wolle.

Betet zwei Vater unser.

Zu Lob und Ehr des heiligen Landesvaters Bruder Niklaus von Flüe lasst uns beten, er möge bei Gott, dem Allmächtigen, unser eingedenk sein und uns die Gnade erlangen, dass wir in unserem geliebten Vaterlande in Friede, Ruhe und Einigkeit leben können und, vor dem Einfall äusserer Feinde behütet, wir unsere Freiheiten, die uns die Altvordern hinterlassen und wofür sie viel Schweiss und Blut vergossen haben, wahren mögen und schliesslich, dass wir den Eiden und Gelübden, durch die wir uns zusammengeschlossen haben, treu bleiben.

Betet zwei Vater unser mit gekreuzten Armen.

SCHLUSSGEBET

Wir empfehlen uns und schliessen uns ein in die Allmacht des Vaters, in die Weisheit des eingeborenen Sohnes Gottes, in die Liebe und Güte des Heiligen Geistes, auf dass der allmächtige Gott uns und allen Christgläubigen in allen Nöten gnädig und barmherzig sei.
Gott begnade uns alle. Auch empfehlen wir uns in den Schutz und Schirm der auserwählten Gottesgebärerin Maria, aller lieben Heiligen und Engel Gottes.

Betet drei Ave Maria.

Das Grosse Gebet beschliessen wir nun mit *fünf Vater unser, fünf Ave Maria und dem heiligen Glauben* zu Ehren der allerhöchsten göttlichen Dreifaltigkeit, Gott des † Vaters, des † Sohnes und des † Heiligen Geistes. Amen.

Betrachtungen zum Rosenkranz

Das Geheimnis des Rosenkranzes ist «das Geheimnis». Das konzentrierte betende Nachsinnen über die grossen Wahrheiten der Menschwerdung Jesu, des Kreuzopfers und der Wiederherstellung aller Dinge. Das persönliche Warmwerden im Verkehr mit Jesus, dem Kinde, mit Christus, dem Gekreuzigten, und mit dem glorreichen Triumphator über Sünde, Tod und Hölle. Das dankbare Miterleben der Frohbotschaft, das schmerzliche Mitfühlen von Reue und Sühne im Kampf mit dem Bösen, das unzerstörbare Bewusstsein vom Endsieg in allen Krisen und Konflikten des Einzelnen und der Völker.

Prälat Robert Mäder, Basel

Das Rosenkranzgebet ist in besonderer Weise geeignet, das christliche Glaubensgut fest in unseren Herzen zu verankern, und es bildet damit ein Bollwerk gegen den immer mehr um sich greifenden Unglauben unserer heutigen Zeit. Der Rosenkranz ist das «Brevier der Laien» und hat der Kirche schon oft in schweren Zeiten Rettung und Hilfe gebracht. Auch heute brauchen wir nicht nur Liturgie-Reform, sondern ebenso eine echte, persönliche Frömmigkeit, die sich immer wieder am Bilde Marias ausrichtet. Dafür ist das Beten des Rosenkranzes ein unentbehrliches Mittel.

Kardinal Dr. Benno Gut OSB, Einsiedeln

Der freudenreiche Rosenkranz - vergleichbar einer weissen Rose

Im Namen Gottes des † Vaters, des † Sohnes und des † Heiligen Geistes. Amen.

Alles, was du tust, meine liebe Seele, sei es in Worten oder Werken, das tue im Namen unseres Herrn Jesu Christi, zur Ehre und Ver-HERR-lichung Gottes.

Ehre sei dem Vater und dem Sohne und dem Heiligen Geist, wie es war im Anfang, so auch jetzt und in Ewigkeit. Amen.

Das erste freudenreiche Geheimnis:

Der Erzengel Gabriel verkündet der seligsten Jungfrau Maria die Menschwerdung Christi

Vater unser im Himmel, geheiligt werde Dein Name. Dein Reich komme. Dein Wille geschehe, wie im Himmel, so auf Erden. Unser tägliches Brot gib uns heute. Und vergib uns unsere Schuld, wie auch wir vergeben unsern Schuldigern. Und führe uns nicht in Versuchung, sondern erlöse uns von dem Bösen. Amen.

Hochgelobt und gebenedeit sei das allerheiligste Sakrament des Altares.

Die allerheiligste Dreifaltigkeit, der allwissende, gerechte und barmherzige Gott, sah, wie das Menschengeschlecht von der höchsten Würde in das äusserste Elend gefallen war, und somit die ursprüngliche Gnade, Kraft und unzählige Wohltaten durch die Übertretung des göttlichen Gebotes verloren hat. Gott wusste, dass der Mensch durch die Sünde den Tod, die grausame Tyrannei des Teufels und die ewige Verdammnis auf sich geladen hat und weder durch einen Menschen, noch durch einen Engel erlöst und in den Stand der Unschuld zurückversetzt werden könnte. Da Gott die Liebe ist, erbarmte er sich über das gefallene Menschengeschlecht und beschloss, dass der Sohn Gottes, die zweite Person der heiligsten Dreifaltigkeit, die menschliche Natur annehmen, sich dem Tod unterwerfen und damit die Sünden der Welt hinwegnehmen sollte. Alle Menschen, die sich die Erlösung zu nutze machen und sich dankbar erzeigen würden, sollten durch sein kostbares Leiden und Blut gereinigt, geheiligt und des ewigen Lebens teilhaftig werden.

Gegrüsst seist du, Maria, voll der Gnade; der Herr ist mit dir. Du bist gebenedeit unter den Frauen und gebenedeit ist die Frucht deines Leibes, Jesus — den du, o Jungfrau, vom Heiligen Geist empfangen hast — Heilige Maria, Mutter Gottes, bitt' für uns Sünder, jetzt und in der Stunde unseres Todes. Amen.

Diesen Mittler zwischen Gott und den Menschen versprach der Herr, als er die Strafe für die Sünde ankündigte und zugleich den künftigen Erlöser verhiess mit den Worten: «Ich will Feindschaft setzen zwischen dir, Satan, und dem Weibe; sie wird dir den Kopf zertreten.»

Gegrüsst seist du, Maria ...

Gott erneuerte diese Verheissung dem Abraham gegenüber, als er sprach: «In einem deiner Nachkommen sollen alle Völker gesegnet werden.»

Gegrüsst seist du, Maria ...

Diesen Erlöser versprach Gott auch in den Psalmen von König David: «Ich will dir einen Nachkommen erwecken, dessen Thron feststehen soll bis in Ewigkeit.»

Gegrüsst seist du, Maria ...

Nachdem nun vom Anfang der Welt viele tausend Jahre verflossen waren, sandte Gott den Erzengel Gabriel zur reinen Jungfrau Maria von Nazareth. Der Engel sprach: «Gegrüsst seist du, Maria, voll der Gnade; der Herr ist mit dir, du bist gebenedeit unter den Weibern.»

Gegrüsst seist du, Maria ...

Da Maria dies hörte, erschrak sie ob dieser Rede und dachte in ihrem Herzen nach, was dieser Gruss wohl bedeute; sie glaubte nicht, dass sie solches Lob verdient hätte.

Gegrüsst seist du, Maria ...

Der Engel beruhigte sie: «Fürchte dich nicht, Maria! Denn du hast Gnade gefunden bei Gott. Siehe, du wirst die Mutter des Sohnes Gottes werden und du sollst ihm den Namen Jesus geben. Dieser wird gross sein und Sohn des Allerhöchsten genannt werden. Gott, der Herr, wird ihm den Thron seines Vaters David geben; und er wird herrschen über das Haus Jakob ewiglich, und seines Reiches wird kein Ende sein.»

Gegrüsst seist du, Maria ...

Maria fragte den Engel: «Wie soll das geschehen, da ich Gott ewige Jungfräulichkeit gelobt habe?»

Gegrüsst seist du, Maria ...

Der Engel antwortete ihr: «Der Heilige Geist wird über dich kommen und die Kraft des Allerhöchsten wird dich überschatten; darum wird auch das Heilige, das aus dir geboren wird, Sohn Gottes genannt werden.»

Gegrüsst seist du, Maria ...

«Siehe, Elisabeth, deine Verwandte, auch sie empfing einen Sohn in ihrem Alter, und dies ist der sechste Monat für sie, die als unfruchtbar galt; denn bei Gott ist kein Ding unmöglich.»

Gegrüsst seist du, Maria ...

Maria sprach: «Siehe, ich bin eine Magd des Herrn, mir geschehe nach deinem Wort!» Und das Wort ist Fleisch geworden und hat unter uns gewohnt. Gott und Mensch in einer einzigen göttlichen Person.

Ehre sei dem Vater ...

Das zweite freudenreiche Geheimnis:

Die heilige Jungfrau Maria besucht ihre Base Elisabeth

Vater unser ... — Hochgelobt ...

Maria machte sich auf, ihre Base Elisabeth zu besuchen, denn der Engel hatte ihr geoffenbart, dass auch ihre Verwandte von Gott begnadigt worden sei.
Maria liess sich nicht von ihrer eigenen, hohen Würde abhalten, fürchtete sich auch nicht vor der weiten und beschwerlichen Reise, sondern ging eilends über das Gebirge in eine Stadt Judas. Hier sollst du nun, meine liebe Seele, dich verwundern über die Demut und Opferbereitschaft dieser Jungfrau, welche als Magd sich ganz dem Willen Gottes unterwirft.

Gegrüsst seist du, Maria ... — den du, o Jungfrau, zu Elisabeth getragen hast — Heilige Maria ...

Die heilige Jungfrau trat in das Haus des Zacharias, wo sie ihre Base Elisabeth ganz herzlich begrüsste und ihr Glück und Heil zur Empfängnis ihres Sohnes wünschte.

Gegrüsst seist du, Maria ...

Und es begab sich, als Elisabeth den Gruss Marias hörte, da hüpfte das Kind in ihrem Leibe und sie erkannte in Maria die Mutter des Herrn.

Gegrüsst seist du, Maria ...

Und Elisabeth wurde erfüllt vom Heiligen Geist, erhob ihre Stimme und rief: «Gebenedeit bist du unter den Weibern, und gebenedeit ist die Frucht deines Leibes!»

Gegrüsst seist du, Maria ...

«Woher kommt mir das grosse Glück, dass die Mutter meines Herrn zu mir kommt? Denn siehe, als der Klang deines Grusses an mein Ohr drang, hüpfte frohlockend das Kind in meinem Leibe. Selig, die du geglaubt hast, dass in Erfüllung gehen wird, was dir vom Herrn gesagt worden ist.»

Gegrüsst seist du, Maria ...

Nun kann Maria, die nicht ihre Ehre sucht, nicht mehr an sich halten. Wie eine Lerche jubilierend emporschwingt, so dringt ihr Lobgesang aus den Tiefen ihrer Seele: «Hochpreist meine Seele den Herrn und mein Geist frohlockt über Gott, meinen Heiland; er schaute gnädig herab auf die Niedrigkeit seiner Magd; denn siehe, von nun an werden mich seligpreisen alle Geschlechter. Grosses tat an mir der Mächtige und heilig ist sein Name.»

Gegrüsst seist du, Maria ...

Elisabeth gebar einen Sohn; als ihre Nachbarn und Verwandten hörten, dass der Herr grosse Dinge an ihr getan habe, freuten sie sich mit ihr und wünschten ihr Glück und Heil.

Gegrüsst seist du, Maria ...

Es war am achten Tag, da kamen sie, das Knäblein zu beschneiden, und wollten es nach seines Vaters Namen Zacharias nennen. Seine Mutter aber entgegnete: «Nein, Johannes soll es heissen!» Der Vater schrieb schliesslich auf ein Täfelchen: «Johannes ist sein Name!»

Gegrüsst seist du, Maria ...

Im gleichen Augenblick wurde die Zunge des Zacharias gelöst, denn er war stumm, weil er den Worten des Engels nicht geglaubt hatte. Da kam Furcht über alle ihre Nachbarn ringsum, und im ganzen Bergland von Judäa erzählte man sich von allen diesen Dingen, und alle, die davon hörten, nahmen es sich zu Herzen und sagten: «Was wird wohl aus diesem Kinde werden?» Denn die Hand des Herrn war mit ihm.

Gegrüsst seist du, Maria ...

Zacharias aber, sein Vater, wurde vom Heiligen Geist erfüllt und sprach die prophetischen Worte: «Gepriesen sei der Herr, der Gott Israels; denn heimgesucht hat er sein Volk und ihm Erlösung bereitet.»

Gegrüsst seist du, Maria ...

Maria blieb drei Monate bei ihrer Base und leistete ihr alle möglichen Dienste. Dann nahm sie Abschied von ihr und kehrte nach Nazareth zurück.

Ehre sei dem Vater ...

Das dritte freudenreiche Geheimnis:

Die Geburt unseres Herrn Jesu Christi

Vater unser ... — Hochgelobt ...

Joseph, der Bräutigam der heiligen Jungfrau, wusste noch nicht, dass seine Braut über alle Engel und Menschen zur Mutter des Sohnes Gottes erhoben worden war. Auch nach ihrer Heimkehr nach Nazareth wollte Maria in ihrer tiefen Demut dieses Geheimnis keinem Menschen, auch nicht ihrem allerliebsten Bräutigam, offenbaren. In ihrem Vertrauen stellte sie alles Gott anheim. Und siehe, ein Engel des Herrn erschien dem Joseph des Nachts im Traum und sprach: «Joseph, Sohn Davids! fürchte dich nicht, Maria, deine Verlobte, zu dir zu nehmen; denn was gezeugt ist in ihr, stammt vom Heiligen Geist. Sie wird einen Sohn gebären, dem sollst du den Namen Jesus geben; denn er wird sein Volk erlösen von seinen Sünden.»

Gegrüsst seist du, Maria ... — den du, o Jungfrau, geboren hast — Heilige Maria ...

Der Kaiser Augustus erliess den Befehl, dass der gesamte Erdkreis aufgezeichnet werde, dass jeder in seiner Vaterstadt sich eintragen lasse. Auch Joseph und Maria machten sich auf und gingen von Galiläa nach Bethlehem im Lande Juda, in die Stadt Davids, weil beide aus dem Hause und Geschlechte Davids abstammten.

Gegrüsst seist du, Maria ...

Wegen ihrer grossen Armut und wegen des grossen Zulaufs des Volkes fanden sie in Bethlehem keine Herberge; in einem Stall ausserhalb der Stadt mussten sie einkehren.

Gegrüsst seist du, Maria ...

Daselbst kam in der Nacht der Sohn Gottes auf die Welt. Maria, seine Mutter, wickelte das göttliche Kind in Windeln und legte es in eine Krippe. Die Tiere, ein Ochs und ein Esel, die im Stalle waren, erwärmten den lieben Heiland mit ihrem Hauche.

Gegrüsst seist du, Maria …

Da trat ein Engel des Herrn zu den Hirten auf dem Felde, und es umstrahlte sie die Herrlichkeit des Herrn, und sie fürchteten sich sehr. Der Engel aber sprach zu ihnen: «Fürchtet euch nicht! Denn seht, ich verkünde euch eine grosse Freude, die dem ganzen Volk zuteil werden soll: Euch wurde heute in der Stadt Davids ein Retter geboren, Christus der Herr. Und dies soll euch zum Zeichen sein: Ihr werdet ein Kindlein finden, das in Windeln eingewickelt ist und in einer Krippe liegt.»

Gegrüsst seist du, Maria …

Und auf einmal erschien mit dem Engel eine grosse Schar des himmlischen Heeres, die Gott priesen mit den Worten: «Ehre sei Gott in der Höhe und Friede den Menschen auf Erden, die eines guten Willens sind.»

Gegrüsst seist du, Maria …

Die Hirten sagten zueinander: «Lasst uns hinübergehen nach Bethlehem und schauen, was geschehen ist, von dem der Herr uns Kunde gab!» Und sie gingen eilends und fanden Maria und Joseph und das Kind, das in der Krippe lag. Als sie es sahen, berichteten sie, was ihnen über dieses Kind gesagt worden war. Und alle, die es hörten, wunderten sich über das, was ihnen von den Hirten erzählt wurde. Maria behielt alle diese Worte und erwog sie in ihrem Herzen.

Gegrüsst seist du, Maria …

Am achten Tage wurde das Kind beschnitten und ihm der Name Jesus gegeben, wie er vom Engel genannt worden, ehe er im Mutterleib empfangen war.

Gegrüsst seist du, Maria ...

Die heiligen drei Könige erkannten durch die Erscheinung eines glänzenden Sternes, dass der Messias geboren sei; sie kamen deshalb aus dem Morgenland nach Jerusalem, um ihn anzubeten.

Gegrüsst seist du, Maria ...

Als König Herodes davon erfuhr, war er bestürzt und ganz Jerusalem mit ihm. Er versammelte alle Hohenpriester und Schriftgelehrten des Volkes und suchte von ihnen zu erfahren, wo der Messias geboren werde. Sie sagten zu ihm: «Zu Bethlehem in Judäa; denn so steht es geschrieben durch den Propheten: ‚Und du, Bethlehem, im Lande Juda, du bist keineswegs die geringste unter den Fürstenstädten Judas; denn aus dir wird hervorgehen der Führer, der mein Volk Israel regieren wird.'»

Gegrüsst seist du, Maria ...

Die drei Weisen zogen nach Bethlehem und siehe, der Stern, den sie im Aufgang gesehen, ging vor ihnen her, bis er ankam und stehenblieb über dem Ort, wo das Kind war. Sie gingen in das Haus, sahen das Kind mit Maria, seiner Mutter, fielen nieder und beteten es an und brachten ihm Geschenke dar: Gold, Weihrauch und Myrrhe.

Ehre sei dem Vater ...

Das vierte freudenreiche Geheimnis:

Die Reinigung der hl. Jungfrau und die Aufopferung Jesu im Tempel

Vater unser ... — Hochgelobt ...

Die drei Könige erhielten im Traum die Weisung, nicht zu Herodes zurückzukehren; sie zogen deshalb auf einem anderen Weg in ihr Land zurück. Und das, obwohl Herodes sie heimlich zu sich berufen und von ihnen genau die Zeit der Erscheinung des Sternes erforscht hatte. Er hatte ihnen sogar eingeschärft: «Geht hin und forschet genau nach dem Kind, und habt ihr es gefunden, so lasst es mich wissen, damit auch ich komme und ihm huldige.» Dies war nur ein heuchlerischer Vorwand, um Jesus noch in der Krippe umbringen zu können.
Und als die Tage der Reinigung sich nach dem Gesetz des Moses erfüllten, brachten sie ihn nach Jerusalem hinauf, um ihn dem Herrn darzustellen, wie geschrieben steht im Gesetz des Herrn: «Alles Männliche, das den Mutterschoss öffnet, gelte als heilig dem Herrn.» Obwohl Maria, die reinste Jungfrau, der Reinigung nicht bedurfte, unterwarf sie sich doch freiwillig dem mosaischen Gesetz und bereitete ihr Opfer, nämlich zwei junge Tauben.

Gegrüsst seist du, Maria ... — den du, o Jungfrau, im Tempel aufgeopfert hast — Heilige Maria ...

Die Mutter Gottes brachte ihr Kindlein samt dem Opfer hinauf nach Jerusalem, und Joseph begleitete sie.

Gegrüsst seist du, Maria ...

Wie das Gesetz es befahl, opferte Maria am vierzigsten Tag nach der Geburt ihren Sohn im Tempel Gott, dem Allmächtigen, auf.

Gegrüsst seist du, Maria ...

Der greise Simeon, ein gerechter und gottesfürchtiger Mann, hatte vom Heiligen Geist die Offenbarung erhalten, dass er nicht sterben werde, bis er den Gesalbten des Herrn, den verheissenen Messias, gesehen hätte.

Gegrüsst seist du, Maria ...

Simeon kam auf Eingebung Gottes in den Tempel, als die Eltern das Kind hereinbrachten, um an ihm den Brauch des Gesetzes zu erfüllen.

Gegrüsst seist du, Maria ...

Der Greis nahm das Kind aus den Händen der Gottesmutter in seine Arme, und sein Herz wurde so von heiliger Freude erfüllt, dass er im Geist frohlockte.

Gegrüsst seist du, Maria ...

Er sprach: «Nun entlässt du, Herr, deinen Knecht nach deinem Wort in Frieden; denn meine Augen schauten dein Heil, das du bereitet hast vor allen Völkern.»

Gegrüsst seist du, Maria ...

Sein Vater und seine Mutter wunderten sich über das, was über ihn gesagt wurde. Und Simeon segnete sie und sagte zu Maria, seiner Mutter: «Siehe, dieser ist bestimmt zum Falle und zur Auferstehung vieler in Israel und zu einem Zeichen, dem widersprochen wird.»

Gegrüsst seist du, Maria ...

Simeon schloss mit den Worten: «Auch deine eigene Seele wird ein Schwert durchdringen, damit die Gedanken vieler Herzen offenbar werden.»

Gegrüsst seist du, Maria ...

Es war auch eine Prophetin, Anna, eine Tochter Phanuels, aus dem Stamme Aser. Diese stand in hohen Jahren, wich nicht vom Tempel und diente Gott mit Fasten und Beten Tag und Nacht. Sie kam gerade in jener Stunde hinzu, pries Gott und redete über ihn zu allen, die auf die Erlösung warteten.

Gegrüsst seist du, Maria ...

Als Maria und Joseph alles nach dem Gesetze Gottes erfüllt hatten, kehrten sie im Frieden heimwärts.

Ehre sei dem Vater ...

Das fünfte freudenreiche Geheimnis:

Jesus wird im Tempel wiedergefunden

Vater unser ... — Hochgelobt ...

Als Herodes merkte, dass die drei Weisen aus dem Morgenland nicht auf seinen hinterhälterischen Plan hereingefallen waren, wurde er sehr zornig, schickte seine Kriegsknechte und liess in Bethlehem und allen umliegenden Orten alle zwei- und minderjährigen Knäblein töten. Alle diese unschuldigen Kinder erhielten dank einer besonderen Begnadigung Gottes im himmlischen Reich die Krone der Martyrer. Noch rechtzeitig war Joseph im Traum von einem Engel aufgefordert worden: «Nimm das Kind und seine Mutter und fliehe nach Ägypten; denn Herodes will das Kind töten.» Also ist die Weissagung des Propheten Isaias erfüllt worden: «Siehe, der Herr setzt sich auf eine leichte Wolke und kommt nach Ägypten; da erbeben die Götzen Ägyptens vor seinem Antlitz, und der Ägypter Herz verzagt in ihrer Brust.» In der Tat, als Jesus von seiner Mutter auf einem Reittier

nach Ägypten getragen wurde, stürzten die Götzenbilder zusammen.
Die heilige Familie blieb im fremden Land, bis ein Engel des Herrn dem Joseph im Traum erschien und sprach: «Steh auf, nimm das Kind und seine Mutter und zieh in das Land Israel; denn die dem Kind nach dem Leben trachteten, sind gestorben.» Als er aber hörte, dass Archelaus anstelle seines Vaters Herodes in Judäa regierte, fürchtete er sich, dorthin zu gehen und zog, nachdem er im Traum Weisung erhalten hatte, in das Gebiet von Galiläa, wo er sich in Nazareth niederliess, damit das Wort des Propheten erfüllt würde: Er wird ein Nazarener genannt werden.

Gegrüsst seist du, Maria ... — den du, o Jungfrau, im Tempel wiedergefunden hast — Heilige Maria ...

Als Jesus zwölf Jahre alt war, pilgerte er mit seinen Eltern nach Jerusalem zum Osterfest.

Gegrüsst seist du, Maria ...

Als die Festtage vorüber waren, blieb der Knabe Jesus, während sie heimkehrten, in Jerusalem, ohne dass seine Eltern es merkten.

Gegrüsst seist du, Maria ...

In der Meinung, er sei bei der Pilgergruppe, legten sie eine Tagesreise zurück und suchten ihn unter den Verwandten und Bekannten.

Gegrüsst seist du, Maria ...

Da sie ihn nicht fanden, kehrten sie voller Angst nach Jerusalem zurück und suchten ihn.

Gegrüsst seist du, Maria ...

Nach drei Tagen geschah es, da fanden sie ihn im Tempel, mitten unter den Lehrern sitzend, auf sie hörend und sie befragend.

Gegrüsst seist du, Maria ...

Alle, die ihm zuhörten, staunten über seinen Verstand und seine Antworten.

Gegrüsst seist du, Maria ...

Als die Eltern ihn erblickten, waren sie sehr betroffen, und seine Mutter sagte zu ihm: «Kind, warum hast du uns das getan? Siehe, dein Vater und ich haben dich mit Schmerzen gesucht!»

Gegrüsst seist du, Maria ...

Jesus antwortete ihnen: «Warum habt ihr mich gesucht? Wusstet ihr nicht, dass ich in dem sein muss, was meines Vaters ist?» Doch sie begriffen ihn nicht.

Gegrüsst seist du, Maria ...

Und er zog mit ihnen hinab, kam nach Nazareth und war ihnen untertan. Jesus nahm zu an Weisheit und Alter und Gnade bei Gott und den Menschen.

Gegrüsst seist du, Maria ...

Seine Mutter aber bewahrte alle diese Worte in ihrem Herzen und überlegte sie in ihrem Gemüte.

Ehre sei dem Vater ...

Jesus beginnt seine Lehrtätigkeit

Ich glaube an Gott Vater ...

Der ewige Sohn Gottes, obwohl er der Herr der Welt ist, hat Knechtsgestalt angenommen, und er ist allgemein als Sohn Josephs, als Sohn eines Zimmermanns gehalten worden. Als er dreissig Jahre alt war, nahm er Abschied von seiner geliebten Mutter. Er wurde von Johannes getauft und begab sich in die Wüste. Nachdem er vierzig Tage und vierzig Nächte lang gefastet hatte, wurde er dreimal vom Teufel versucht; er überwand aber den bösen Feind und jagte ihn in die Flucht.

Nun berief er seine Jünger, mit denen er auf die Hochzeit zu Kana eingeladen wurde, wo er — auf die Bitte seiner Mutter hin — Wasser in Wein verwandelte. Als dann Johannes der Täufer ins Gefängnis geworfen wurde, begann der Herr öffentlich zu predigen, das Himmelreich sei nahe und die Busse sei notwendig, um das ewige Leben zu erlangen. Aus seinen Jüngern wählte er sich zwölf Apostel. Er setzte das Sakrament der Taufe zur Vergebung der Sünden ein, dessen Vorbild die Taufe des hl. Johannes war. Mit Worten und Werken lehrte er die wahre Gerechtigkeit und versprach die höchste Belohnung und Seligkeit denen, die Gutes tun. Die Hohenpriester, Schriftgelehrten, Pharisäer, die Sadduzäer und Herodianer begannen ihn heftig zu hassen und auf mancherlei Weise zu verfolgen. Jesus fürchtete sich aber nicht, tat allen Menschen Gutes, bestätigte seine Lehren durch Wunderzeichen, strafte die Sünden, und machte die Pharisäer, die ihn durch listige Fragen hereinlegen wollten, zu Schanden. Als allwissender Sohn Gottes offenbarte er die Lästerungen und die heimlichen Gedanken ihrer Herzen und bisweilen entwich er ihrem Grimm wie durch ein Wunder. Drei Jahre lang verwandte er alle seine Kräfte, um das Judenvolk zu bekehren. Auf dem Berge Tabor wurde er vor dreien seiner Jünger verklärt und liess sie einen Teil seiner Herrlichkeit sehen. Schliesslich zog er im Triumph in die Stadt Jerusalem ein, umjubelt von allem Volk, das ihm Zweige von Palmen auf den Weg streute; sie erkannten ihn als ihren Herrn und König, und alle, sogar die Kinder, riefen: «Hosanna dem

Sohne Davids! Hochgelobt sei, der da kommt im Namen des Herrn! Hosanna in der Höhe!»

Gegrüsst seist du, Maria ... — der in uns den Glauben vermehre — Heilige Maria ...

Gegrüsst seist du, Maria ... — der in uns die Hoffnung stärke — Heilige Maria ...

Gegrüsst seist du, Maria ... — der in uns die Liebe entzünde — Heilige Maria ...

Ehre sei dem Vater ...

Zu den Bildern:

Seite 73: Im Thurgauer Feldzug Ende September 1460 hatten sich die Österreicher im Frauenkloster St. Katharinental bei Diessenhofen verschanzt. Die Eidgenossen wollten das Kloster ausräuchern, doch der Rottmeister (Hauptmann) Niklaus von Flüe stellte sich den anstürmenden Unterwaldnern entgegen und verhinderte die Zerstörung des Gotteshauses. Gemälde in der Grabkapelle des hl. Bruder Klaus neben der Pfarrkirche Sachseln.

Seite 74: Das älteste Gemälde von Bruder Klaus, hergestellt fünf Jahre nach seinem Tod im Auftrag der Gemeinde Sachseln.

Seite 75: Das berühmte Visionsbild des hl. Bruder Klaus. Auf dieser Betrachtungstafel ist seine Vision von der hl. Dreifaltigkeit samt den Phasen der Erlösung dargestellt; diese Darstellung ist ein Höhepunkt schweizerischer Mystik. Abt Joachim von Einsiedeln und Ritter Melchior Lussi, ein Freund von Karl Borromäus, legten dieses rätselvolle Bild dem Konzil von Trient vor, weil es von Martin Luther missdeutet und gegen das Papsttum ausgelegt wurde.

Seite 76: Ehemalige Grabplatte von Bruder Klaus mit der Inschrift: «Allhier ruhen die Gebeine des seligen Bruder Klaus von Flüe: daher gesetzt, da man die Kirche gebaut 1679.»

Seite 77: Hl. Karl Borromäus (1538—1584), Erzbischof von Mailand, unternahm im Jahre 1570 ausgedehnte Visitationsreisen in der Schweiz, um das Volk der Eidgenossen im angestammten katholischen Glauben zu erhalten und ihnen die Reformmassnahmen des Tridentiner Konzils zu erklären. Ausschnitt aus einem Einblattdruck zur Erinnerung an den Goldenen Bund, der später Borromäischer Bund genannt wurde. Stich von David Hautt 1655. Graphische Sammlung der Zentralbibliothek Zürich.

Seite 78: Der Erzengel Michael, um 1480. Lindenholzfigur. Der grosse Kämpfer Gottes steht in silberner Rüstung und flatterndem Mantel auf dem höllischen Drachen, den er mit der Lanze trifft. Schweiz. Landesmuseum Zürich.

Seite 79: Maria mit Kind, 1750. Silber, teilweise vergoldet. Farbige Glassteine. Höhe 146 cm. Maria mit dem Jesuskind im Arm, steht auf der Weltkugel und zertritt das Haupt der Schlange Satans. Die zwölf Sterne um ihr Haupt kennzeichnen sie als die grosse Frau der Apokalypse. Aus dem Kirchenschatz der Stadtkirche Olten. Schweiz. Landesmuseum Zürich.

Seite 80: Vereidigung der Schweizer Gardisten. Seit ihrer Gründung 1506 unter Papst Julius II. päpstliche Palastwache. Die Schweizer Garde ist ein Zeichen der grossen Verbundenheit zwischen der katholischen Schweiz und dem Papst in Rom.

S. Johannes
S. Matheus
Marcus
arhaftige exemplar
digen B. Clausen zwar.
rbarlich erschinen ist
elchem er zuo ieder frist
Andechtigclich gebettet hat
Ohngfar. 70. Jar verloren wardt
Durch dca pucciner zwegen bracht
In procession mit andacht
Herlich an sin orth trage wa
Als man zalt. 1608. Jahr

Allhir Ruwet die gebein
Des Seeligen Brůder Clause
von flüe: dahero gesetz
Da man dise Kirchen gebüwet
16 79

CAROLVS BORROMEVS, Patronus Helvet: Cathol:
Lucern
Sompach
Zug
Egen
Schindeleg
Lachen
Rapers wil
Schmeriken
Vznach
Capel
Grinau
Tuggen
Schenis
Nesslau
S. Iohan
Stein
Sattel
Aert
Einsidlen
Hocken
Billen
Wesen
Schwytz
Brunnen
Clonthal
Näfels
Glarus
Schwanden
Mast
Kaltsbrunnen
Küssnacht
Habspurg
Immensee
Malters
Alpnach
Sarnen
Stans
Buchs
VNDER WALDEN
VRI
Aldorf
Altdorf

Der schmerzhafte Rosenkranz - vergleichbar einer roten Rose

Im Namen Gottes des † Vaters, des † Sohnes und des † Heiligen Geistes. Amen.

Es sei ferne von mir, dass ich mich in etwas anderem rühme, als allein im Kreuze unseres Herrn Jesu Christi, der sich selbst erniedrigt hat und gehorsam geworden ist bis zum Tode, ja bis zum Tode am Kreuze.

Ehre sei dem Vater ...

Das erste schmerzhafte Geheimnis:

Jesus betet zu seinem Vater; im Angesicht des Todes schwitzt er Blut

Vater unser ... — Hochgelobt ...

Nachdem unser Erlöser am Abend vor seinem Leiden und Sterben mit seinen zwölf Jüngern das Osterlamm gegessen hatte, stand er auf, legte sein Oberkleid ab, umgürtete sich mit einem Tuche, goss Wasser in ein Becken und wusch allen Aposteln die Füsse. Dann setzte er sich wieder, ermahnte sie zur Demut, Reinheit des Lebens und zur Liebe gegeneinander. Nun kam der wunderbare Augenblick, da er das allerheiligste Sakrament des Altares einsetzte, indem er ihnen sein Fleisch und Blut zur Speise darreichte, unter den Gestalten von Brot und Wein, nach der Ordnung des Melchisedech.
Zugleich setzte er das Sakrament der Priesterweihe ein; er befahl seinen Aposteln und ihren Nachfolgern, dass sie zu seinem Andenken das tun sollen, was er

jetzt getan habe. Nun ging Judas hinaus. Der Herr unterrichtete und tröstete die anderen Apostel mit aller Sorgfalt, rief den himmlischen Vater an und versprach ihnen den Heiligen Geist, den Tröster. Nun stand Jesus auf und ging mit den Elfen über den Bach Kedron in den Garten Gethsemane, der dem Judas bekannt war, hatte sich doch der Herr oft mit seinen Jüngern dorthin zum Gebet zurückgezogen.

Gegrüsst seist du, Maria ... — der für uns Blut geschwitzt hat — Heilige Maria ...

Jesus kam an den Ölberg, ging in den Garten Gethsemane und sagte zu seinen Jüngern: «Setzt euch hier nieder, während ich dorthin gehe und bete.»

Gegrüsst seist du, Maria ...

Und er nahm den Petrus und die beiden Zebedäussöhne mit sich und begann zu zittern und zu zagen; er sprach zu ihnen: «Meine Seele ist betrübt bis in den Tod; bleibt hier und wachet mit mir!»

Gegrüsst seist du, Maria ...

Er ging einen Steinwurf weiter, fiel auf sein Angesicht, betete und sprach: «Mein Vater, wenn es möglich ist, so gehe dieser Kelch an mir vorüber; doch nicht wie ich will, sondern wie du willst.»

Gegrüsst seist du, Maria ...

Und er kam zu den Jüngern, fand sie schlafend und sprach zu Petrus: «So konntet ihr nicht eine einzige Stunde wachen mit mir? Wachet und betet, damit ihr nicht in Versuchung fallet! Der Geist ist zwar willig, aber das Fleisch ist schwach.»

Gegrüsst seist du, Maria ...

Abermals ging der Herr von ihnen weg und betete:

«Wenn dieser Kelch nicht vorübergehen kann, ohne dass ich ihn trinke, so geschehe dein Wille!»

Gegrüsst seist du, Maria ...

Und da er zurückkam, fand er sie wiederum schlafend; denn ihre Augen waren schwer. Sie wussten nicht, was sie ihm antworten sollten; dies schmerzte den Herrn, und er schwieg auch diesmal.

Gegrüsst seist du, Maria ...

Da liess er sie, ging wieder hin und betete zum dritten Mal: «Mein Vater! kann dieser Kelch nicht an mir vorübergehen, so will ich ihn trinken; nicht mein, sondern dein Wille geschehe.»

Gegrüsst seist du, Maria ...

Da erschien ihm ein Engel vom Himmel und stärkte ihn in seiner Todesnot.

Gegrüsst seist du, Maria ...

Als er in Angst geriet und mit dem Tode rang, betete er noch eindringlicher, und sein Schweiss wurde wie Blutstropfen, die zur Erde niederrannen.

Gegrüsst seist du, Maria ...

Darauf trat er zu den Jüngern und sagte zu ihnen: «Ihr schlaft noch und ruht! Seht, die Stunde ist gekommen, da der Menschensohn in die Hände der Sünder überliefert wird. Steht auf, lasst uns gehen! Seht, mein Verräter naht.»

Ehre sei dem Vater ...

Das zweite schmerzhafte Geheimnis:

Jesus wird gefangen genommen und gegeisselt

Vater unser ... — Hochgelobt ...

Während er noch redete, siehe, da kam Judas, einer von den Zwölfen, und mit ihm eine grosse Schar mit Schwertern und Knütteln. Judas ging voran, trat zu Jesus und sprach: «Sei gegrüsst, Meister!» und er küsste ihn, wie er es verabredet hatte. Jesus fragte nun: «Wen suchet ihr?» Sie sagten: «Jesus von Nazareth.» Jesus sprach: «Ich bin es!» Da wichen sie zurück und fielen zu Boden. Durch eine Zulassung Gottes konnten sie wieder aufstehen und legten Hand an Jesus. Da nahm Petrus das Schwert und hieb dem Malchus, dem Knecht des Hohenpriesters, das rechte Ohr ab. Jesus setzte es wieder an und heilte es. Dann sagte er zu Petrus: «Stecke dein Schwert in die Scheide. Denn alle, die zum Schwerte greifen, werden durch das Schwert umkommen. Oder meinst du, ich könnte meinen Vater nicht bitten, und er würde mir nicht sogleich mehr als zwölf Legionen Engel zu Hilfe schicken?» Da verliessen ihn die Jünger und flohen. Denn der Hirt soll geschlagen und die Herde zerstreut werden.

Gegrüsst seist du, Maria ... — der für uns gegeisselt worden ist — Heilige Maria ...

Jesus wurde gebunden, zuerst zu Annas, dann zu Kaiphas geführt, wo er über seine Lehre und seine Jünger befragt wurde.

Gegrüsst seist du, Maria ...

Kaiphas beschwor Jesus, er solle ihm sagen, ob er Christus sei, der Sohn des lebendigen Gottes? Der Herr antwortete: «Ja, ich bin es.» Da zerriss der Hohepriester seine Kleider und sprach: «Er hat gelästert!

Was brauchen wir noch Zeugen?» Und sie verhöhnten und misshandelten ihn.

Gegrüsst seist du, Maria ...

Da spien sie ihm ins Gesicht und schlugen ihn; andere gaben ihm Backenstreiche und sagten: «Weissage uns, Messias, wer ist es, der dich geschlagen hat?»

Gegrüsst seist du, Maria ...

Draussen im Hof verleugnete Petrus den Herrn zum dritten Male. Und sogleich krähte der Hahn. Im Vorübergehen sah Jesus den Petrus an; Petrus erinnerte sich an das Wort Jesu, ging hinaus und weinte bitterlich. Die Hohenpriester und Ältesten des Volkes hielten Rat wider Jesus, und als es Morgen wurde, verurteilten sie ihn zum Tode.

Gegrüsst seist du, Maria ...

Sie liessen ihn gefesselt abführen und übergaben ihn dem Landpfleger Pontius Pilatus, der an Stelle des Kaisers das Judenland regierte. Als nun Judas sah, dass Jesus verurteilt wurde, reute ihn seine teuflische Tat; er warf die dreissig Silberlinge in den Tempel, ging hin und erhängte sich.

Gegrüsst seist du, Maria ...

Auf die Frage des Pilatus, was für eine Anklage sie gegen Jesus hätten, gaben sie zur Antwort: «Wäre dieser nicht ein Übeltäter, hätten wir ihn dir nicht überliefert.» Der Statthalter sprach zu ihnen: «So nehmt ihn und richtet ihn nach eurem Gesetz!» Aber sie drangen mit grossem Geschrei darauf, dass er gekreuzigt werde.

Gegrüsst seist du, Maria ...

Schliesslich brachten sie dreierlei Klagen gegen Jesus vor: Er habe das Volk aufgewiegelt. Er habe das Volk davon abgehalten, dem Kaiser Steuern zu zahlen. Er habe sich selbst zum König gemacht. Auf die zwei ersten Anklagen, die offensichtlich falsch waren, schwieg der Herr. Dass er aber ein König sei, gab er zu, sagte aber, sein Reich sei nicht von dieser Welt.

Gegrüsst seist du, Maria ...

Als der Statthalter vernahm, Jesus sei ein Galiläer, schickte er ihn zu Herodes, der ihm vielerlei Fragen stellte, die Jesus aber nicht beantwortete. Herodes zeigte ihm seine Verachtung, liess ihm zum Spott ein Prunkkleid anlegen und schickte ihn zurück zu Pilatus.

Gegrüsst seist du, Maria ...

Während Pilatus auf dem Richterstuhl sass, schickte seine Frau einen Boten zu ihm und liess ihm sagen: «Mach dir nichts zu schaffen mit diesem Gerechten; denn ich habe seinetwegen viel im Traum gelitten!» Pilatus stellte einen Mörder, namens Barabbas, neben Jesus und fragte das versammelte Volk: «Welchen wollt ihr, dass ich euch freigebe? Barabbas oder Jesus?» Da schrie die Menge, von den Hohenpriestern und Ältesten aufgestachelt: «Hinweg mit diesem! Gib uns Barabbas frei!»

Gegrüsst seist du, Maria ...

Der römische Statthalter suchte Jesus zu retten und die Juden zu beschwichtigen; darum liess er Jesus so heftig geisseln, dass von der Fussohle bis zur Scheitel keine Stelle unversehrt blieb. Die Wunden und Striemen hätten hingereicht, ihn zu töten.

Ehre sei dem Vater ...

Das dritte schmerzhafte Geheimnis:

Jesus wird mit Dornen gekrönt und zum Tod verurteilt

Vater unser ... — Hochgelobt ...

Nach der grausamen Geisselung führten die Kriegsleute des Pilatus Jesus in das Richthaus und versammelten die ganze Kohorte um ihn. Sie verspotteten nicht nur ihn, sondern das ganze jüdische Volk, dessen König er sein sollte. Sie verlachten den König der Juden, zogen ihm seine Kleider aus und legten ihm einen Purpurmantel um, so dass seine Wunden erneut zu bluten begannen. Aus spitzen Dornen flochten sie ihm eine Krone und drückten ihm diese aufs Haupt, spien ihm ins Angesicht und schlugen ihn mit Fäusten. Um das Mass seiner Schmerzen und seiner Schmach voll zu machen, gaben sie ihm statt des Zepters ein Rohr in die Hand, setzten ihn auf einen erhöhten Platz ähnlich einem Thron. Nun beugten sie die Knie vor ihm, verspotteten ihn und sprachen: «Sei gegrüsst, du König der Juden!»

Gegrüsst seist du, Maria ... — der für uns mit Dornen gekrönt worden ist — Heilige Maria ...

Die Schergen nahmen das Rohr und schlugen auf sein Haupt, dass die Dornen noch tiefer eindrangen.

Gegrüsst seist du, Maria ...

Pilatus liess den geschundenen Herrn nochmals vor die versammelten Juden führen, in der Meinung, sie würden bei diesem erbärmlichen Anblick von Mitleid bewogen und von ihrer Forderung nach der Todesstrafe ablassen.

Gegrüsst seist du, Maria ...

So stand Jesus vor seinem Volk: mit einem Purpurmantel angetan, mit Dornen gekrönt, mit einem Rohr in der rechten Hand, von Wunden und Striemen zerrissen: «Ecce homo — Welch ein Mensch!»

Gegrüsst seist du, Maria ...

Als aber die Hohenpriester und ihre Leute ihn sahen, schrien sie: «Ans Kreuz, ans Kreuz!» Pilatus sprach ein drittes Mal zu ihnen: «Was hat er denn Böses getan? Ich fand nichts Todeswürdiges an ihm.» Sie aber bestanden mit grossem Geschrei auf ihrer Forderung.

Gegrüsst seist du, Maria ...

Das wilde Ungestüm der Juden erfüllte Pilatus mit Unwillen, und er rief ihnen zu: «So nehmt ihr ihn hin! Ich für mich finde keine Schuld an ihm; weil ich ihn gleichwohl gezüchtigt habe, will ich ihn freilassen.» Sie aber erhoben ihre Stimmen und schrien noch brutaler, er müsse sterben und gekreuzigt werden.

Gegrüsst seist du, Maria ...

Als die Juden merkten, dass es Pilatus mit der Freilassung Jesu ernst war, drohten sie ihm mit der Zerstörung seiner Karriere: «Wenn du diesen freilässt, bist du kein Freund des Kaisers; jeder, der sich zum König macht, widersetzt sich dem Kaiser!»

Gegrüsst seist du, Maria ...

Diese Drohung verfehlte ihre Wirkung nicht. Obwohl der Statthalter von der Unschuld Christi überzeugt war, zog er es doch vor, ihn dem Tod zu überantworten, als beim Kaiser in Ungnade zu fallen.

Gegrüsst seist du, Maria ...

Pilatus verwies den Juden ihre Grausamkeit und sprach: «Seht euren König!» Sie aber schrien: «Hinweg, hinweg mit ihm, kreuzige ihn!» Pilatus versuchte es ein letztes Mal: «Euren König soll ich kreuzigen?» Die Hohenpriester antworteten ihm: «Wir haben keinen anderen König als den Kaiser.»

Gegrüsst seist du, Maria …

Als Pilatus sah, dass er nichts ausrichtete, sondern der Lärm grösser wurde, nahm er Wasser, wusch seine Hände vor dem Volk und sprach: «Ich bin unschuldig am Blute dieses Gerechten. Seht ihr zu!» Das ganze Volk aber rief als Antwort: «Sein Blut komme über uns und unsere Kinder.»

Gegrüsst seist du, Maria …

Nicht weil der Angeklagte schuldig war, sondern aus Furcht vor dem Kaiser und vom Geschrei und dem Hass der Juden überwunden, überliess Pilatus den Juden Jesus zur Kreuzigung. Er schrieb auch eine Tafel: «Jesus von Nazareth, König der Juden» und befahl, diese Inschrift oben an das Kreuz zu heften.

Ehre sei dem Vater …

Das vierte schmerzhafte Geheimnis:

Jesus trägt sein Kreuz auf den Kalvarienberg

Vater unser … — Hochgelobt …

Nachdem nun Jesus zum Tod verurteilt worden war, nahmen ihn die Kriegsknechte und führten ihn in den Vorhof des Prätoriums, wo sie ihm den Purpurmantel vom Leibe rissen und ihm wieder seine Kleider anlegten. Die Dornenkrone liessen sie auf seinem Haupt, damit er wie ein König erscheine. Unterdessen hatten sie ein grosses, schweres Kreuz gezimmert, das sie dem Herrn auf die wunden Schultern legten. Noch schwerer als das Kreuz wog die Undankbarkeit der Menschen.

Gegrüsst seist du, Maria ... — der für uns das schwere Kreuz getragen hat — Heilige Maria ...

Also ging Jesus aus der Stadt, keuchend unter der Last unserer Sünden. Den Weg, den er ging, markierte er mit seinen Blutspuren, damit diejenigen, die ihr Kreuz auf sich nehmen und ihm nachfolgen, den rechten Weg nicht verfehlen.

Gegrüsst seist du, Maria ...

Auf dieser Strasse, der die Nachwelt den Namen «Via dolorosa» gegeben hat, begegnete Jesus seiner betrübten Mutter. Auch sie trug ihr Kreuz, denn ihr Mitleid kannte keine Grenzen. Die Liebe, die aus ihren Augen brannte, tröstete den Herrn, und doch bereitete ihr Anblick und das Bewusstsein seiner Schmach und seiner Hilfslosigkeit ihm neue Bitterkeit.

Gegrüsst seist du, Maria ...

Die rasenden Schmerzen und der mehrmalige Blutverlust führten zu einer solchen Erschöpfung, dass Jesus unter dem Kreuz zusammenbrach, als müsste er sterben.

Gegrüsst seist du, Maria ...

Die Schergen schlugen auf ihn ein, zogen ihn an Strikken und traten ihn mit Füssen. Er war wie ein Wurm und nicht wie ein Mensch, die Verachtung der Menschen und der Auswurf des Volkes.

Gegrüsst seist du, Maria ...

Aus Angst, er würde ihnen sterben, zwangen sie einen

Mann, Simon von Cyrene, der eben vom Felde kam, dass er dem Herrn das Kreuz tragen helfe.

Gegrüsst seist du, Maria …

Es begleitete ihn auch eine grosse Menge Volkes und Frauen, die um ihn klagten und weinten.

Gegrüsst seist du, Maria …

Jesus wandte sich zu ihnen und sprach: «Ihr Töchter Jerusalems, weint nicht über mich; doch weint über euch selbst und über eure Kinder! Denn seht, es werden Tage kommen, an denen man sagen wird: Selig die Unfruchtbaren und die Leiber, die nicht geboren, und die Brüste, die nicht genährt haben! Dann werden sie anheben und zu den Bergen sagen: Fallet über uns! und zu den Hügeln: Bedecket uns! Denn wenn man dies am grünen Holze tut, was wird am dürren geschehen?»

Gegrüsst seist du, Maria …

Eine der Frauen, Veronika, reichte ihm ein Schweisstuch dar, damit er sich den Schweiss und das Blut vom Gesicht abtrocknen konnte.

Gegrüsst seist du, Maria …

Jesus nahm diese Handreichung dankbar an, und zur Erinnerung hinterliess er dieser Frau einen Abdruck seines heiligen Antlitzes.

Gegrüsst seist du, Maria …

Nun hatte der Heiland den Kalvarienberg erreicht, jenen Ort, den man Schädelstätte nennt, hebräisch Golgatha. Wie viele Kirchenväter annehmen, soll an jener Stelle auch Adam, der erste Mensch, begraben worden sein.

Ehre sei dem Vater …

Das fünfte schmerzhafte Geheimnis:

Die Kreuzigung unseres Herrn Jesu Christi und sein Tod am Kreuz

Vater unser ... — Hochgelobt ...

Es war Gewohnheit, dass die Übeltäter bei der Kreuzigung Wein zu trinken bekamen. Auch Jesus reichten sie Wein, doch war dieser mit Galle und Myrrhe vermischt; er kostete davon, wollte aber nicht trinken. Nun rissen sie ihm die Kleider vom Leib, spannten ihn über das harte Kreuz und trieben unter furchtbaren Hammerschlägen die Nägel durch seine Hände und Füsse. Um seine Schmach noch zu vergrössern, richteten sie ihn zwischen zwei Missetätern auf, als ob er der schlimmste aller Verbrecher wäre, und setzten die von Pilatus verfasste Inschrift über sein Haupt, die in hebräischer, griechischer und lateinischer Sprache seinen Namen, seinen Heimatort und den Grund seiner Verurteilung enthielt.

Gegrüsst seist du, Maria ... — der für uns gekreuzigt worden ist — Heilige Maria ...

Lasst uns bedenken, welch schreckliche Qualen der Herr für uns am Kreuz erdulden musste, Qualen der Wunden, des Durstes, der Atemnot, Qualen des Spottes und der Gottverlassenheit.

Gegrüsst seist du, Maria ...

Die Hohenpriester und Schriftgelehrten spotteten: «Anderen hat er geholfen, sich selbst kann er nicht helfen. Ist er der König von Israel, so steige er nun herab vom Kreuze und wir wollen an ihn glauben.» Viele Menschen, für die der Herr am Kreuz verblutete, bleiben gleichgültig und haben für Christus nur Spott und Hohn übrig. Wie muss das Jesus, der alles wusste, gekränkt haben!

Gegrüsst seist du, Maria ...

Doch aller Undank und alle Kälte der Menschen hinderten Jesus nicht, für seine Kreuziger zu beten: «Vater, vergib ihnen, denn sie wissen nicht, was sie tun!»

Gegrüsst seist du, Maria ...

Wie gütig und nachsichtig war Jesus mit dem Schächer, der seine Missetaten von Herzen bereute, ihn als Sohn Gottes bekannte und um Gnade bat mit den Worten: «Herr, gedenke meiner, wenn du in dein Reich kommst!» Jesus versprach ihm mehr, als jener begehrte: «Heute noch wirst du bei mir im Paradiese sein.»

Gegrüsst seist du, Maria ...

Erwäge die kindliche Liebe, mit welcher der Herr seine allerliebste Mutter seinem geliebten Jünger Johannes und diesen seiner Mutter empfahl, indem er sprach: «Weib, siehe deinen Sohn; Sohn, siehe deine Mutter!» Johannes stand stellvertretend für uns. In Maria hatte uns Jesus sein Letztes und Liebstes hergeschenkt: seine Mutter!

Gegrüsst seist du, Maria ...

Während Jesus am Kreuze hing, trat eine Finsternis ein über das ganze Land von der sechsten bis zur neunten Stunde. Jesus brachte sich seinem himmlischen Vater, dem allmächtigen Gott, als Opfer dar, aber der Druck unserer Sünden war so gewaltig und der Abscheu Gottes gegenüber der Bosheit der Sünde so gross, dass Jesus von diesem höchsten Schmerz erdrückt wurde, und er mit lauter Stimme rief: «Eli, Eli, lema sabachthani?» das heisst: «Mein Gott, mein Gott, warum hast du mich verlassen?»

Gegrüsst seist du, Maria ...

Vom grossen Blutverlust und von der brennenden Sorge um das Heil der Menschen kraftlos geworden, konnte er ein Wort der Klage nicht mehr zurückhalten: «Mich dürstet!» Der physische Durst des Heilandes war tödlich, und doch war er nichts im Vergleich zum Durst unseres Erlösers nach dem Heil unserer unsterblichen Seelen!

Gegrüsst seist du, Maria ...

Und sogleich lief einer von ihnen, nahm einen Schwamm, füllte ihn mit Essig, steckte ihn an ein Rohr und gab ihm zu trinken. Nachdem Jesus den Essig genommen hatte, sprach er: «Es ist vollbracht.»

Gegrüsst seist du, Maria ...

Wenn auch Jesus dem äusseren Anschein nach von Gott verlassen war, bezeugte doch sein letztes Wort, dass er sich auch in der Verlorenheit am Kreuz in der Hand Gottes wusste, denn er rief mit lauter Stimme: «Vater, in deine Hände empfehle ich meinen Geist.»

Gegrüsst seist du, Maria ...

Jesus gab freiwillig seinen Geist auf; er neigte sein Haupt und starb. So wurde erfüllt, was er vorhergesagt hatte: «Meine Seele wird niemand von mir nehmen, sondern ich lege sie selbst von mir ab.»

Ehre sei dem Vater ...

Sein Grab wird herrlich sein

Ich glaube an Gott Vater ...

Der Entschluss der ewigen Weisheit, dass der Sohn Gottes am Kreuz für die Erlösung des Menschengeschlechtes sterben sollte, war in Erfüllung gegangen. Um diese schrecklichen Geheimnisse zu bezeugen, hat die Kraft Gottes grosse Wunder gewirkt, die sowohl von den Juden als auch von den Heiden wahrgenommen wurden. Denn als der Sohn Gottes am Kreuze hing, hatte die Sonne ihren Glanz verloren; von der sechsten bis zur neunten Stunde lagerte eine Finsternis über dem ganzen Erdboden; und dies geschah zur Zeit des Vollmondes. Zur gleichen Zeit riss der Vorhang des Tempels von oben bis unten entzwei. Die Erde wurde erschüttert, die Felsen zersprangen, die Gräber öffneten sich, und viele Leiber der Heiligen erschienen nach dem Tod Jesu in der heiligen Stadt. Der Hauptmann, der ihn kreuzigen liess, bekannte vor allem Volk: «Wahrhaftig, dieser Mensch war Gottes Sohn!»

Auch von den Juden kehrten viele zurück und klopften an ihre Brust. Longinus, einer der Soldaten, öffnete mit einem Speer die Seite Jesu, und sogleich floss Blut und Wasser heraus. Joseph von Arimathäa, ein Ratsherr und heimlicher Jünger Jesu, welcher sich aus Furcht vor den Juden zurückgehalten hatte, ging beherzt zu Pilatus und bat um den Leichnam Christi. Die Bitte wurde ihm gewährt, und zusammen mit Nikodemus, der ein Oberster der Juden war, nahm er Jesus vom Kreuze ab. Nikodemus war einmal des Nachts zu Jesus gekommen, und nun durfte er dieses Werk öffentlich tun. Er hatte eine Mischung von Myrrhe und Aloe, gegen hundert Pfund, mitgebracht. Der Leichnam Jesu wurde in den Schoss seiner Mutter gelegt. Welche Gefühle der Trauer mussten ihr mütterliches Herz durchdrungen haben, als sie ihr geliebtes Kind tot in ihren Armen hielt. Mit dem tiefsten Herzeleid half sie, den heiligen Leichnam einzubalsamieren und in reine Leinwand hüllen. Joseph von Arimathäa besass in der Nähe ein neues Grab, das in einen Felsen eingehauen war. Dort legten sie den

Leichnam hinein und wälzten einen grossen Stein vor die Öffnung des Grabes. Pilatus liess das Grab versiegeln und eine Wache aufstellen, damit nicht etwa seine Jünger den Leichnam stehlen und dann dem Volke sagen könnten: «Er ist von den Toten auferstanden!»

Gegrüsst seist du, Maria ... — der in uns den Glauben vermehre — Heilige Maria ...

Gegrüsst seist du, Maria ... — der in uns die Hoffnung stärke — Heilige Maria ...

Gegrüsst seist du, Maria ... — der in uns die Liebe entzünde — Heilige Maria ...

Ehre sei dem Vater ...

Der glorreiche Rosenkranz - vergleichbar einer gelben Rose

Im Namen Gottes des † Vaters, des † Sohnes und des † Heiligen Geistes. Amen.

Unser Herr Jesus Christus war gehorsam bis zum Tod, ja bis zum Tod am Kreuze. Darum hat Gott ihn auch erhöht und ihm einen Namen gegeben, der über alle Namen ist.
Die Seele des Gottmenschen Jesus Christus verliess am Kreuz ihren Leib und fuhr sogleich in die sogenannte Vorhölle, an jenen Ort also, wo die Seelen der Gerechten auf die Erlösung warteten. Der Himmel war ja durch die Sünde allen Menschen verschlossen und konnte nur durch den Sohn Gottes wieder geöffnet werden. Die Herrlichkeit des Herrn erstrahlte und erfüllte die Seelen der Vorväter mit jener unaussprechlichen Seligkeit, welche in der Anschauung Gottes besteht. Hier vollzog Jesus in der Tat, was er dem Schächer mit seinem Wort verheissen hatte: «Heute noch wirst du mit mir im Paradiese sein.»

Ehre sei dem Vater ...

Das erste glorreiche Geheimnis:

Die Auferstehung unseres Herrn Jesu Christi

Vater unser ... — Hochgelobt ...

Am Morgen des dritten Tages aber stand Jesus lebendig und mit einem glorreich verklärten Leib aus dem verschlossenen und bis dahin amtlich versiegelten

Grabe auf. Und siehe, es entstand ein grosses Erdbeben; denn ein Engel des Herrn stieg vom Himmel herab, trat hinzu, wälzte den Stein weg und setzte sich darauf.
Da erschraken die Wächter, flohen davon, kamen in die Stadt und berichteten den Hohenpriestern alles, was sich zugetragen hatte. Diese versammelten sich mit den Ältesten, hielten Rat und gaben den Soldaten viel Geld mit der Weisung: «Sagt: Seine Jünger sind in der Nacht gekommen und haben ihn gestohlen, während wir schliefen. Sollte dies dem Statthalter zu Ohren kommen, so wollen wir ihn beschwichtigen und für eure Sicherheit sorgen.»

Gegrüsst seist du, Maria ... — der von den Toten auferstanden ist — Heilige Maria ...

Zuerst erschien der Auferstandene seiner Mutter, ihr zum süssen Trost, uns zur Bestätigung des Glaubens, weil Gott jedem vergilt nach seinem Verdienst.

Gegrüsst seist du, Maria ...

Maria Magdalena, Maria, die Mutter des Jakobus, und Salome kamen frühmorgens zum Grabe, um den Leichnam des Herrn einzubalsamieren. Da sagte der Engel zu ihnen: «Fürchtet euch nicht, ihr sucht Jesus, den Nazarener, den Gekreuzigten; er ist auferweckt worden.» Voll Schrecken flohen die Frauen vom Grabe, und Maria Magdalena eilte als erste zu den Elfen und den übrigen und meldete dies. Diese glaubten ihr nicht und hielten das für leeres Gerede. Nur Petrus und Johannes gingen zum Grabe.
Auch Maria Magdalena kehrte zum Grabe zurück und weinte. Da erschien ihr Jesus und sprach zu ihr: «Maria!» Sie wandte sich um und sagte auf hebräisch zu ihm: «Rabbuni», das heisst: «Mein Herr!» Jesus sprach zu ihr: «Rühre mich nicht an; denn noch bin ich nicht aufgefahren zum Vater; geh aber zu meinen Brüdern

und sage ihnen: Ich fahre auf zu meinem Vater und zu eurem Vater, zu meinem Gott und zu eurem Gott.»

Gegrüsst seist du, Maria ...

Sodann erschien Jesus auch den anderen zwei Frauen, als sie heimgehen wollten, und sprach zu ihnen: «Seid gegrüsst! Fürchtet euch nicht! Geht hin und bringt meinen Brüdern die Botschaft, sie sollen nach Galiläa gehen; dort werden sie mich sehen.»

Gegrüsst seist du, Maria ...

Auch Petrus und Johannes liefen zum Grabe, beugten sich hinein und sahen die Leinenbinden liegen. Beide gingen ins Grab hinein und glaubten.

Gegrüsst seist du, Maria ...

Am gleichen Tage gegen Abend erschien Jesus auch dem Kleophas und dem anderen Jünger, die nach Emmaus gingen. Ihr Herz brannte; sie redeten von Jesus, glaubten aber nicht, dass er von den Toten auferstanden sei, bis sich der Herr selbst in Gestalt eines Pilgers zu ihnen gesellte; sie luden ihn ein und erkannten ihn am Brotbrechen.

Gegrüsst seist du, Maria ...

Am gleichen Tage erschien Jesus auch den zehn Aposteln, die sich aus Furcht vor den Juden bei verschlossenen Türen versammelt hatten. Da kam Jesus, trat in ihre Mitte und sprach: «Friede sei mit euch!» Nach diesen Worten zeigte er ihnen die Hände und die Seite. Da freuten sich die Jünger, als sie den Herrn sahen. Dann setzte er das heilige Bussakrament ein, indem er sie anhauchte und sprach: «Empfanget den Heiligen Geist; welchen ihr die Sünden nachlasset, denen sind sie nachgelassen; welchen ihr sie behaltet, denen sind sie behalten.»

Gegrüsst seist du, Maria ...

Thomas war nicht bei den Aposteln, als Jesus ihnen erschien. In seinem Unglauben verlangte er Beweise für ihre Aussagen.

Gegrüsst seist du, Maria ...

Nach acht Tagen erschien Jesus abermals den Aposteln und sagte zu Thomas: «Reiche deine Finger her und lege deine Hand in meine Seite und sei nicht ungläubig, sondern gläubig!» Thomas fiel auf die Knie und rief: «Mein Herr und mein Gott!»

Gegrüsst seist du, Maria ...

Darauf erschien Jesus dem Petrus, Johannes, Jakobus, Thomas, Nathanael und noch zwei Jüngern am See von Tiberias. Johannes erkannte ihn zuerst und sagte zu Petrus: «Es ist der Herr!» Dreimal fragte Jesus den Petrus: «Simon, Sohn des Johannes, liebst du mich?» Dann machte er ihn zum Oberhaupt seiner Kirche und sagte ihm voraus, dass er den Tod am Kreuze sterben werde.

Gegrüsst seist du, Maria ...

Wenige Tage vor der Himmelfahrt des Herrn gingen die Apostel nach Galiläa auf den Berg Tabor, wohin Jesus sie beschieden hatte. Mit ihnen kamen mehr als fünfhundert Jünger. Jesus erschien sichtbar vor aller Augen und sprach zu ihnen: «Mir ist alle Gewalt gegeben im Himmel und auf Erden. Geht darum hin und macht alle Völker zu Jüngern, indem ihr sie tauft im Namen des Vaters und des Sohnes und des Heiligen Geistes und sie lehrt, alles zu halten, was ich euch aufgetragen habe. Seht, ich bin bei euch alle Tage bis ans Ende der Welt.»

Ehre sei dem Vater ...

Das zweite glorreiche Geheimnis:

Die Himmelfahrt unseres Herrn Jesu Christi

Vater unser ... — Hochgelobt ...

Die Heilige Schrift und die Kirchenväter bezeugen, dass Jesus nach seiner Auferstehung während vierzig Tagen öfters seinen Jüngern erschienen ist und mit ihnen über alles geredet hat, was zur Errichtung und Regierung seiner Kirche nötig war.

Gegrüsst seist du, Maria ... — der in den Himmel aufgefahren ist — Heilige Maria ...

Am vierzigsten Tag nach seiner Auferstehung, am Tag seiner Himmelfahrt, gab Jesus seinen Aposteln die Weisung: «Geht nicht weg von Jerusalem, sondern wartet auf die Verheissung des Vaters, von der ihr von mir gehört habt. Denn Johannes taufte mit Wasser, ihr aber werdet in wenigen Tagen getauft werden mit dem Heiligen Geist.»

Gegrüsst seist du, Maria ...

Die nun zusammengekommen waren, fragten ihn: «Herr, richtest du in dieser Zeit das Königtum wieder auf in Israel?» Er antwortete: «Nicht eure Sache ist es, Zeiten oder Stunden zu wissen, die der Vater in der ihm eigenen Macht festgelegt hat.»

Gegrüsst seist du, Maria ...

Jesus fuhr fort: «Doch werdet ihr Kraft empfangen, wenn der Heilige Geist auf euch herabkommt, und ihr werdet meine Zeugen sein in Jerusalem und in ganz Judäa und Samaria und bis an die Grenzen der Erde.»

Gegrüsst seist du, Maria ...

Dann führte er sie auf den Ölberg Richtung Bethanien, erhob seine Hände und segnete sie. Während er sie segnete, schied er von ihnen und wurde emporgetragen zum Himmel, wo er nun zur Rechten Gottes sitzt.

Gegrüsst seist du, Maria ...

Die Apostel schauten ihm voll Verwunderung, Liebe und Sehnsucht nach, bis eine Wolke ihn ihren Blicken entzog.

Gegrüsst seist du, Maria ...

Und da sie zum Himmel hinaufsahen, siehe, da standen vor ihnen zwei Männer in weissem Gewande und sprachen: «Ihr Männer von Galiläa, was steht ihr da und schaut zum Himmel? Dieser Jesus, der von euch weg in den Himmel aufgenommen wurde, wird ebenso wiederkommen, wie ihr ihn habt auffahren sehen zum Himmel.»

Gegrüsst seist du, Maria ...

Die Jünger knieten nieder und beteten Jesus an. Mit grosser Freude kehrten sie nach Jerusalem zurück und lobten und priesen Gott.

Gegrüsst seist du, Maria ...

Mit Maria, der Mutter Jesu, begaben sie sich in den Saal, in welchem Jesus das Abendmahl gehalten hatte, und verharrten während zehn Tagen einmütig im Gebet.

Gegrüsst seist du, Maria ...

Da erhob sich Petrus, der von Christus zum Oberhaupt bestimmt worden war, im Kreis der Brüder — es waren ungefähr hundertzwanzig Personen beisammen — und ordnete an, dass an Stelle des Judas ein neuer Apostel gewählt werden sollte gemäss dem Psalmwort: «Sein Amt erhalte ein anderer!»

Gegrüsst seist du, Maria ...

Sie stellten zwei vor: Joseph, genannt Barsabbas, mit dem Beinamen der Gerechte, und Mathias. Sie beteten zum Herrn, er wolle ihnen durch das Los anzeigen, welchen von diesen beiden er zum Apostel erwählt habe. Das Los fiel auf Mathias, und er wurde den elf Aposteln beigezählt.

Ehre sei dem Vater ...

Das dritte glorreiche Geheimnis:

Die Herabkunft des Heiligen Geistes

Vater unser ... — Hochgelobt ...

Maria war voll der Gnade, und auch die Apostel waren mit Gewalt ausgerüstet, um Teufel auszutreiben, Kranke gesund zu machen, das Evangelium zu predigen, Sünden nachzulassen und andere Wunderwerke zu tun. Obwohl sie vom Herrn geheiligt waren, beteten sie zehn Tage mit Inbrunst und harrten auf den Heiligen Geist. Um wieviel mehr sollen dann wir, die wir arme Sünder sind, dem Gebet und der Andacht obliegen und Busse tun! Hier, meine Seele, bedenke folgendes: Dass du erschaffen und zum Glauben berufen wurdest, war nicht dein Werk, und du konntest es weder fördern noch hindern. Aber jetzt, wenn du die Gnaden, die Gott dir anbietet, nicht freiwillig annimmst und mitwirkst, wirst du keinen Anteil an der himmlischen Herrlichkeit erhalten. Wer die Angebote Gottes ständig zurückweist und verachtet, muss mit der ewigen Verdammnis rechnen.

Gegrüsst seist du, Maria ... — der uns den Heiligen Geist gesandt hat — Heilige Maria ...

Am zehnten Tag nach der Himmelfahrt, als der Tag für das Pfingstfest gekommen war, erhob sich um die dritte Stunde vom Himmel her plötzlich ein Brausen wie von einem daherfahrenden gewaltigen Sturm und erfüllte das ganze Haus, in dem sie weilten.

Gegrüsst seist du, Maria ...

Es erschienen ihnen feurige Zungen, die sich verteilten und einzeln herabsenkten auf einen jeden von ihnen.

Gegrüsst seist du, Maria ...

Und alle wurden erfüllt vom Heiligen Geist, und sie fingen an, in anderen Zungen zu reden, so wie der Geist ihnen zu sprechen verlieh. Und sie empfingen die sieben Gaben des Heiligen Geistes: die Gabe der Weisheit, des Verstandes, des Rates, der Stärke, der Wissenschaft, der Frömmigkeit und der Furcht des Herrn.

Gegrüsst seist du, Maria ...

Als die Juden, die aus allen Völkern nach Jerusalem zum Feste gekommen waren, das Brausen des Windes hörten, wurden sie bestürzt und eilten voll Schrecken vor das Haus, wo die Apostel versammelt waren. Hier hörten sie die Apostel in verschiedenen Sprachen reden, und jeder verstand sie in seiner Muttersprache.

Gegrüsst seist du, Maria ...

Alle staunten und waren ratlos und sagten zueinander: «Was soll das sein?» Andere aber spotteten: «Sie sind voll süssen Weines.» Petrus erhob seine Stimme und sprach zu ihnen: «Ihr Männer von Israel! Jesus, den ihr ans Kreuz geschlagen und hingerichtet habt, diesen Jesus hat Gott auferweckt, dessen sind wir alle Zeugen. Zur Rechten Gottes also erhöht, empfing er die Verheissung des Heiligen Geistes vom Vater und hat sie ausgegossen, wie ihr sowohl seht als auch hört. Mit aller Sicherheit also erkenne das ganze Haus Israel: Gott hat diesen Jesus zum Herrn und Messias gemacht, ihn, den ihr gekreuzigt habt.» Auf diese erste Predigt Petri wurden dreitausend Menschen bekehrt und getauft.

Gegrüsst seist du, Maria ...

Die Apostel bekräftigten ihre Lehre mit grossen Taten und Wundern. Vom Hohen Rat wurde ihnen bei grosser Strafe gedroht, nicht mehr im Namen Jesu zu lehren. Petrus und Johannes aber antworteten ihnen: «Ob es recht ist vor Gott, euch mehr zu gehorchen als Gott, das entscheidet selbst; denn wir können unmöglich schweigen von dem, was wir gesehen und gehört haben.»

Gegrüsst seist du, Maria ...

«Und nun, Herr, siehe an ihre Drohungen und gib deinen Knechten, dass sie mit allem Freimut dein Wort verkünden, indem du deine Hand ausstreckst, um zu heilen und Zeichen geschehen lässt und Wunder durch den Namen deines heiligen Knechtes Jesus.» Als sie so beteten, erbebte der Ort, wo sie versammelt waren, und alle wurden erfüllt vom Heiligen Geist und verkündeten das Wort Gottes mit Freimut.

Gegrüsst seist du, Maria ...

Trotz des Verbotes predigten die Apostel Jesus, den Gekreuzigten. Sie wurden in den Kerker geworfen, aber durch einen Engel wunderbar befreit. Vor die Ratsversammlung geführt, sprach Petrus: «Man muss Gott mehr gehorchen als den Menschen.» Als sie gegeisselt wurden, freuten sie sich, für den Namen Jesu Schmach leiden zu dürfen.

Gegrüsst seist du, Maria ...

Stephanus, Philippus und fünf andere Jünger wurden zu Diakonen geweiht. Als die Juden den Stephanus ergriffen, sprach er: «Seht, ich sehe den Himmel offen und den Menschensohn stehen zur Rechten Gottes.» Sie stiessen ihn zur Stadt hinaus und steinigten ihn, während er für seine Feinde betete: «Herr, rechne ihnen diese Sünde nicht an.»

Gegrüsst seist du, Maria ...

Die Apostel verfassten die zwölf Artikel des apostolischen Glaubensbekenntnisses und zogen in alle Welt, das Evangelium zu verkünden. Saulus, ein grimmiger Verfolger der Christen, wurde von Jesus vor Damaskus bekehrt, und als Apostel Paulus predigte er der ganzen Welt Christus, den Gekreuzigten.

Ehre sei dem Vater ...

Das vierte glorreiche Geheimnis:

Die heilige Jungfrau und Gottesmutter Maria wird in den Himmel aufgenommen

Vater unser ... — Hochgelobt ...

Die Apostel, die von Jesus die Gewalt und den Auftrag erhalten hatten, das Evangelium zu verkünden, begannen in allen Teilen der damals bekannten Welt zu predigen: Petrus zuerst in Judäa, Syrien und dann die meiste Zeit in Italien, sein Bruder Andreas in Achaja, Jakobus, der ältere, in Spanien, Johannes in Vorderasien, Thomas in Indien, Jakobus, der jüngere, in Jerusalem, Philippus in Phrygien, Bartholomäus in Skythien (Nord- und Zentralasien), Matthäus in Äthiopien, Simon in Persien, Thaddäus in Mesopotamien, Mathias in Palästina und Paulus in fast allen Städten zwischen Jerusalem und Rom.
Der Herr segnete ihre Arbeit und bestätigte ihre Lehre durch grosse Zeichen und Wunder. Die zwar noch

kleine Kirche blühte herrlich und breitete sich von Tag zu Tag mehr aus.
Die heilige Jungfrau und Gottesmutter Maria stand bei der jungen Christengemeinde im höchsten Ansehen. In ihrer Demut verbarg sie ihre Vorzüge und führte bis zu ihrem Tod ein zurückgezogenes, beschauliches Leben.

Gegrüsst seist du, Maria ... der dich, o Jungfrau, in den Himmel aufgenommen hat — Heilige Maria ...

Maria befasste sich nicht mit weltlichen Angelegenheiten, denn Johannes sorgte für sie; sie unterhielt sich mit Gott und besuchte die heiligen Stätten, wo ihr Sohn gewirkt und gelitten hatte. Die Sehnsucht war die Flamme, die ihr Leben verzehrte.

Gegrüsst seist du, Maria ...

Fünfzehn Jahre nach der Himmelfahrt Christi wurde der heiligen Jungfrau geoffenbart, dass sie die Erde verlassen und in den Himmel eingehen dürfe, um an der Herrlichkeit ihres Sohnes teilzunehmen.

Gegrüsst seist du, Maria ...

Maria hatte ein grosses Verlangen, die Apostel, die sie gleichsam als ihre geliebten Söhne betrachtete, noch einmal zu sehen und zu segnen.

Gegrüsst seist du, Maria ...

Ihr göttlicher Sohn gewährte ihr den Trost, alle Apostel um ihr Sterbelager versammelt zu sehen, ausgenommen Jakobus, der als Bischof von Jerusalem um Christi willen gemartert worden war, und Thomas, der durch Gottes Zulassung etwas später eintraf.

Gegrüsst seist du, Maria ...

Maria nahm herzlich Abschied, segnete die Apostel,

die Kronzeugen ihres Sohnes, und übergab ihre Seele in die Hand Gottes.

Gegrüsst seist du, Maria ...

Unter heiligen Gesängen und mit tiefer Verehrung legten die Apostel ihren heiligen Leib ins Grab.

Gegrüsst seist du, Maria ...

Die himmlischen Heerscharen der Engel umgaben die heilige Stätte und begleiteten ihre Königin im Triumphzug in den Himmel.

Gegrüsst seist du, Maria ...

Nach drei Tagen traf der Apostel Thomas ein; er hatte ein unwiderstehliches Verlangen, die Mutter Jesu noch einmal zu sehen, und er bat seine Mitbrüder, das Grab zu öffnen.

Gegrüsst seist du, Maria ...

Diese Gunst konnten sie ihm nicht verweigern. Die Apostel öffneten das Grab, fanden aber den Leichnam nicht; nur die Leintücher lagen noch da. Dem Grab entströmte ein himmlischer Wohlgeruch.

Gegrüsst seist du, Maria ...

Voll Bewunderung schlossen die Apostel daraus, dass der reine und unbefleckte Leib dieser heiligen Jungfrau in den Himmel aufgenommen worden sei. Sie dankten Gott für die besondere Gunst, die er ihnen durch die Offenbarung dieses Geheimnisses erwiesen hatte.

Ehre sei dem Vater ...

Das fünfte glorreiche Geheimnis:

Die Krönung der Mutter Gottes als Königin des Himmels und der Erde

Vater unser ... — Hochgelobt ...

Die Apostel kehrten wieder in ihre Länder zurück und verkündeten überall auch die Himmelfahrt der allerseligsten Jungfrau Maria. Also begann sich von Tag zu Tag die Weissagung zu erfüllen: «Siehe, von nun an werden mich selig preisen alle Geschlechter.»
In allen Teilen des katholischen Erdkreises begeht die Kirche festlich die Aufnahme und Krönung Marias im Himmel. Sie ist die Nächste bei ihrem Sohne, als eine mächtige Königin über alle Engel und Auserwählten und als Fürsprecherin für uns arme Menschenkinder.

Gegrüsst seist du, Maria ... — der dich, o Jungfrau, im Himmel gekrönt hat — Heilige Maria ...

Maria ist die Königin des himmlischen Chores der Seraphim und der heiligen Patriarchen. Herr, auf ihre Fürbitte entzünde in uns das Feuer Deiner Liebe!

Gegrüsst seist du, Maria ...

Maria ist die Königin des himmlischen Chores der Cherubim und der heiligen Propheten. Herr, auf ihre Fürbitte lass uns nach christlicher Vollkommenheit streben.

Gegrüsst seist du, Maria ...

Maria ist die Königin des himmischen Chores der Throne und der heiligen Apostel. Herr, auf ihre Fürbitte lass uns Deine Frohbotschaft verkünden bis an die Grenzen der Erde.

Gegrüsst seist du, Maria ...

Maria ist die Königin des himmlischen Chores der Herrschaften und der heiligen Märtyrer. Herr, auf ihre Fürbitte gib uns Herrschaft über unsere Sinne und Leidenschaften.

Gegrüsst seist du, Maria ...

Maria ist die Königin des himmlischen Chores der Mächte und der heiligen Bekenner. Herr, auf ihre Fürbitte lass uns immer und überall bekennen, dass Du der Herr und Schöpfer dieser Welt bist und lass uns im Bekenntnis Deines Namens nicht erlahmen.

Gegrüsst seist du, Maria ...

Maria ist die Königin des himmlischen Chores der Kräfte und der heiligen Jungfrauen. Herr, auf ihre Fürbitte bewahre uns ein reines Herz und lass uns in den Versuchungen des Teufels und der Sinne nicht unterliegen.

Gegrüsst seist du, Maria ...

Maria ist die Königin des himmlischen Chores der Fürstentümer und aller heiligen Ordensleute. Herr, auf ihre Fürbitte gib uns den Geist echten, christlichen Gehorsams.

Gegrüsst seist du, Maria ...

Maria ist die Königin des himmlischen Chores der Erzengel und aller Heiligen im Himmel. Herr, auf ihre Fürbitte gib uns Beharrlichkeit im Glauben und Ausdauer in den guten Werken.

Gegrüsst seist du, Maria ...

Maria ist die Königin des himmlischen Chores der Schutzengel und der heiligen Menschen auf Erden. Herr, auf ihre Fürbitte lass uns in diesem irdischen Leben ihre mächtige Hilfe erfahren und unter ihrem Schutz zur Herrlichkeit des Himmels gelangen.

Gegrüsst seist du, Maria ...

Maria ist die Königin des Weltalls, gekrönt mit zwölf Sternen, den Mond zu ihren Füssen. Herr, auf ihre Fürsprache schenke uns die Gnade, dass wir Dich, den einen und wahren Gott einst schauen dürfen von Angesicht zu Angesicht.

Ehre sei dem Vater ...

Hochgelobt sei die allerheiligste Dreifaltigkeit

Ich glaube an Gott Vater ...

Lobe und preise den dreieinen, ewigen Gott, den Vater, der dich nach seinem Ebenbild erschaffen hat, damit du ihn liebst, ihm dienst und selig werdest.
Danke dem göttlichen Sohne, deinem Erlöser und Richter, für seine unaussprechliche Liebe zu uns Menschen, dass er für uns gestorben ist, damit auch wir einst glücklich sterben können.
Bitte den Heiligen Geist um seine sieben Gaben, denn er ist der Tröster, der Lehrmeister, der Seligmacher. In seinen mächtigen Schutz befiehl deinen Geist, den er in der Taufe und durch die Sakramente geheiligt hat.

Gegrüsst seist du, Maria ... — der in uns den Glauben vermehre — Heilige Maria ...

Gegrüsst seist du, Maria ... — der in uns die Hoffnung stärke — Heilige Maria ...

Gegrüsst seist du, Maria ... — der in uns die Liebe entzünde — Heilige Maria ...

Ehre sei dem Vater ...

Zu den Bildern:

Seite 113: Maria Verkündigung. Grau lavierte Tuschfederzeichnung vom Zürcher Christoph Murer (1558—1614), die dieser als Entwurf für ein Kirchenfenster im Kreuzgang des ehemaligen Zisterzienserinnenklosters Rathausen bei Luzern gemacht hatte. Maria, voll Anmut und Schönheit, wird assistiert von den beiden Luzerner Stadtpatronen: Rechts St. Michael mit Seelenwaage, links. St. Leodegar mit Bohrer. Unten links ist der Stifter der Scheibe, Wendel Petermann, Propst an der Hofkirche Luzern, in betender Haltung dargestellt.

Seite 114: Maria mit Jesus, Elisabeth mit Johannes. Graduale vom Kloster St. Katharinental. Schweiz. Landesmuseum Zürich.

Seite 115: Heilige Sippe, 1521. Altarschrein aus Lindenholz. Maria und ihre Mutter Anna, auf einem Throne sitzend, in der Mitte das Christuskind. Rechts Joachim, der Gatte Annas, links Josef. Gottfried-Keller-Stiftung.

Seite 116: Kreuzabnahme, Halbrelief aus Lindenholz. Frühwerk des von 1513 bis 1534 in Fribourg tätigen Hans Geiler. Stammt aus dem Kloster Muri. Schweiz. Landesmuseum Zürich.

Seite 117: Klosterkirche Muri (Aargau). Gegründet 1027, Hauskloster der Habsburger, berühmte Barockkirche nach C. Moosbrugger, wertvolles Chorgestühl.

Seite 118: Inneres der Klosterkirche Engelberg. Forscher vermuten, dass das «Grosse Gebet der Eidgenossen» in Engelberg entstanden sei, das im Mittelalter eine Blütezeit der Mystik erlebte.

Seite 119: Madonna mit Engeln. Ende 15. Jahrhundert, Kloster St. Georgen Stein am Rhein. Der sechste Engel links oben fehlt. Diese sehr eindrucksvolle Holzplastik zeigt, wie der Glaube, dass Maria die Königin der Engel ist, tief im christlichen Volk verwurzelt ist. Gerade in unserer Zeit müssen wir Maria oft als Königin der Engel anrufen.

Seite 120: Fronleichnamsprozession. An diesem Tage bezeugen die katholischen Christen öffentlich, dass sie an die Realpräsenz Christi im allerheiligsten Sakrament des Altares glauben und dass sie vor Jesus Christus ihr Knie beugen, wie es Paulus schreibt: «Und darum erhöhte ihn Gott so hoch und verlieh ihm den Namen, der über allen Namen ist, auf dass beim Namen Jesu sich beuge jedes Knie, derer im Himmel, derer auf Erden und derer unter der Erde und jede Zunge bekenne: Jesus Christus ist der Herr, zur Verherrlichung Gottes, des Vaters.» (Phil. 2, 9). Mit Erlaubnis des Verfassers entnommen dem prachtvollen Bildband «Der Mann Gottes Meinrad Eugster» von P. Joh. Chrysostomus Zürcher OSB.

Helvetia sancta

Im Zusammenhang mit dem «Grossen Gebet der Eidgenossen» ist es angebracht, auch nach den Heiligen dieses Volkes zu fragen, denn Gebet und Heiligkeit sind wie zwei kommunizierende Röhren. Wir bringen deshalb anschliessend ein Verzeichnis jener Heiligen, Seligen und heiligmässigen Menschen, die auf dem Territorium der heutigen Eidgenossenschaft gelebt oder zumindest einen Teil ihres Lebens gewirkt haben. Wir sind uns bewusst, dass diese Liste nicht vollständig ist, und wir danken jenen Lesern, die uns für eine spätere Auflage zusätzliche Angaben machen.
Als ich bei der Oberin eines schweizerischen Frauenklosters eine Auskunft über eine frühere Heilige einholen wollte, merkte ich, dass sich ihre Kenntnis der Heiligen unseres Landes mit drei Namen erschöpfte: Bruder Klaus, Verena und Gallus. Wie ist eine solche Unwissenheit möglich, und zwar erst noch bei solchen, die sich von Amtes wegen dafür interessieren müssten? Wer sich etwas näher umsieht, stösst auch in unserem Land auf viele Menschen, die einen heroischen Einsatz für Gott geleistet haben, die den Begriff *«Helvetia sancta»* rechtfertigen. Unter den Heiligen unseres Landes befinden sich grosse Männer und Frauen, jeder mit anderen Talenten und Werken. Es befinden sich darunter Menschen von grosser Geisteskraft und einmaliger Prägung. Der St. Galler Mönch, Notker der Stammler, zum Beispiel war ein Gelehrter und Musiker von europäischem Format; dazu besass er Humor und Schlagfertigkeit. Einmal kam Kaiser Karl der Dicke mit seiner Gemahlin nach St. Gallen, um Notker zu besuchen; drei Tage lang unterhielt er sich mit ihm im vertraulichen Gespräch. Das erregte die

Eifersucht eines Hofkaplans aus dem Gefolge des Kaisers, und er richtete an Notker die höhnische Frage: «Wenn du bist der gelehrteste Mann in des Kaisers Reich, so sag mir, was tut jetzt Gott im Himmelreich?» Der Mönch antwortete bescheiden: «Was Gott allzeit tut, das tut er auch jetzt: Er erhöht die Demütigen und erniedrigt die Hochmütigen.» Als bald darauf der Kaiser mit seinem Gefolge von dannen ritt, stürzte der Hofkaplan unter dem Klostertor von seinem Ross, verletzte sich am Kopf und an den Beinen, und alle — auch der Gedemütigte — erkannten darin einen Fingerzeig Gottes.

Jene, die glauben, die Heiligen selbstherrlich auf die Seite schieben zu können, täten vielleicht gut daran, die Antwort Notkers zu beherzigen und sich zu überlegen, ob sie durch ihre Unterlassungssünden nicht auch am heutigen Defacto-Bildersturm beteiligt sind.

Erstaunlich ist zum Beispiel die Tatsache, dass bei fünf Schweizern und fünf Schweizerinnen der Seligsprechungsprozess im Gang ist; es handelt sich um Anastasius Hartmann, Aurelio Bacciarini, Bernarda Heimgartner, Margrit Bays, Maria Bernarda Bütler, Maria Salesia Chappuis, Maria Theresia Scherer, Max Westermaier, Meinrad Eugster und Nicolo Rusca. Besonders erfreulich ist, dass sich unter diesen zwei heiligmässige Bischöfe befinden: Anastasius Hartmann und Aurelio Bacciarini. Wenn auf unserer Liste zwei heilige Bischöfe von Konstanz figurieren, so nicht deshalb, weil die Eidgenossen einmal im Begriffe standen, Konstanz zu erobern, sondern deshalb, weil damals ein Grossteil der deutschsprachigen Schweiz dem Bischof von Konstanz unterstand.

Bemerkenswert ist, wie in den schweizerischen Frauenklöstern des Mittelalters ein reges geistiges Leben herrschte und wie dort die Mystik eine eigentliche Blütezeit erlebte. Sigmund Widmer schreibt darüber im 2. Band der «Illustrierten Geschichte der Schweiz»:

«Katharinental bei Diessenhofen, Töss bei Winterthur und das Kloster Ötenbach in Zürich standen unter Seuses Einfluss. In Töss entfaltete sich Elsbeth Stagel (gest. ca. 1360) zu einer bedeutsamen Schülerin Seuses. Durch ihre Aufzeichnungen aus dem klösterlichen Erleben ist sie in die Literaturgeschichte unseres Landes eingegangen ... In Töss wirkte Sophia von Klingnau. Im Kloster Ötenbach von Zürich verfasste Elsbeth von Beckenhofen höchst lebendige Erinnerungen. Heinrich von Nördlingen fand auf seiner Flucht aus Basel in Königsfelden eine Freistatt. Man hat deshalb von einer ganzen Flut von mystischer Literatur gesprochen, welche damals in den Klöstern zwischen Rhein und Alpen entstand. Es ist auch kein Zufall, dass die Mystiker bis in die Niederlande hinab einen «grossen Gottesfreund im Oberland» als ihren geistigen Führer bezeichneten. Wir wissen nicht, wer dieser Gottesfreund im Oberland war. Für uns ist es dennoch wesentlich, dass man diesen geheimnisvollen und führenden Mystiker seit jeher in der Eidgenossenschaft suchte — irgendwo in der Innerschweiz.»

In jedem Volk und sicher auch im Volk der Eidgenossen gibt es unzählige unbekannte Heilige. Zu den Heiligen zählen alle jene Seelen, die zur Anschauung Gottes im Himmel gelangt sind. Die Heiligen gehören zur triumphierenden Kirche; sie nehmen Anteil an unserem Schicksal, sie sind begierig darauf, uns zu helfen, wenn wir sie nur anrufen. Jesus hat uns aufgefordert: «Schafft euch Freunde im Himmel!» Freundschaften gibt es nur unter Menschen, die sich kennen, die Kontakt unter einander haben. Auch Heilige können vertraute Freunde werden, wenn man sich um sie bemüht, sie kennen lernt, sie anruft, ihnen dankt. Für uns Katholiken ist die «Communio sanctorum — die Gemeinschaft der Heiligen» verbindliche Glaubenslehre. Die Gemeinschaft der Heiligen ist die im Besitz der Erlösungsgnade, des Glaubens und der

Liebe wurzelnde Lebensgemeinschaft *aller* Glieder des mystischen Leibes Christi, im Pilgerstande (streitende Kirche), im Stande der jenseitigen Läuterung (leidende Kirche) und im übernatürlichen Vollendungszustande (triumphierende Kirche). Das Konzil von Trient hat in der «Sessio XXV» den Sachverhalt wie folgt umschrieben: «Die mit Christus herrschenden Heiligen bringen die Gebete der Gläubigen Gott dar, und es ist gut und nützlich, sie um ihre Fürbitte anzurufen.»
Gerade heute, wo die «streitende Kirche» unter dem Ansturm einer dämonisch verblendeten Welt und mit Abgefallenen in den eigenen Reihen zu kämpfen hat, ist eine besondere Rückendeckung durch die Engel und Heiligen, durch die triumphierende Kirche notwendiger denn je. Wenn die Verehrung der Heiligen gottgewollt ist — und alles in der Schöpfung ist nach dem Subsidiaritätsprinzip aufgebaut —, dann ist sie auch für das Heil des Menschen nicht nebensächlich, sondern von grossem Wert. Das muss wieder einmal mit aller Deutlichkeit gesagt werden.
Dass das Leben einzelner mittelalterlicher Heiliger legendäre Züge aufweist, ist bekannt. Wir haben uns aber nach Möglichkeit auf historische, urkundlich belegbare Fakten beschränkt. Alle auf diesen Seiten gemachten Feststellungen über Tugendgrad und Heiligkeit beanspruchen nur menschlichen Glauben und sind gemäss den Dekreten Urbans VIII. dem Urteil der Kirche vorbehalten.
Hinter den Namen in der nachfolgenden Liste mache man die Anrufung «Bitte für uns!» Machen wir uns die Heiligen unseres Landes zu «Freunden im Himmel», besuchen wir ihre Grabstätten, gedenken wir ihrer Festtage, geben wir ihnen durch häufige Anrufung Gelegenheit, weiterhin vom Himmel aus für uns und unser schönes Vaterland wirken zu können.

Alle Heiligen unseres Landes, bittet für uns!

Die Heiligen des Schweizerlandes

Hl. **Achivus**, dritter Abt von St. Maurice im Wallis. † 523.

Sel. **Adalbero**, Abt von Disentis, Nachfolger des hl. Sigisbert, brachte bei einem Hunneneinfall die Kostbarkeiten des Klosters nach Zürich. Wurde von den Barbaren um das Jahr 670 getötet. Fest: 3. August.

Sel. **Adalbert**, erster Abt von Pfäfers in den Jahren 720—730.

Hl. **Adalrich** OSB, Sohn des Herzogs von Schwaben, Burkhard I., und der sel. Reginlinde, und Bruder der Königin Berta. Er war Kustos im Kloster Einsiedeln, erbaute auf der Insel Ufenau im Zürichsee die Kirche St. Peter und Paul, von wo aus er als Seelsorger in der Umgebung wirkte. Als seine Mutter, die zuletzt Äbtissin im Frauenkloster in Zürich war, aussätzig wurde, nahm er sie zu sich auf die Insel. Adalrich wurde im Jahre 1141 heiliggesprochen.

Sel. **Adelgott**, Mönch von Clairvaux und Schüler des hl. Bernhard von Clairvaux, seit 1151 Bischof von Chur. Eifriger Reformator des kirchlichen und klösterlichen Lebens. † 3. 10. 1160.

Sel. **Adelgott**, Benediktinermönch von Einsiedeln, um Jahrtausendwende Abt von Disentis.

Arsenius Sontag (1619—1701). In der 800 m langen Waldschlucht St. Verena in Solothurn lebten urkundlich nachweisbar von 1442 bis heute Einsiedler. Früher lebten in der Schweiz Hunderte solcher Waldbrüder. Der berühmteste Eremit, der sechs Jahrzehnte in St. Verena Gott diente, war Arsenius Sontag, ein Franziskaner Laienbruder, der als Steinhauer zwei Höhlen ausarbeitete. Er starb am 24. Januar 1709 im Alter von 90 Jahren und wurde vor der Antonius von Padua-Kapelle in der Franziskanerkirche Solothurn beigesetzt.

Sel. **Adelheid Pfefferhart,** Klosterfrau in St. Katharinental bei Diessenhofen (Thurgau), 15. Jh.

Sel. **Adelheid** von St. Gallen, Klosterfrau in St. Katharinental, 15. Jh.

Sel. **Adelheid Zirger,** Klosterfrau in St. Katharinental, 15. Jh.

Sel. **Adelheid** von Spiegelberg, Klosterfrau in St. Katharinental, 15. Jh.

Sel. **Adelheid** von Frauenberg, Klosterfrau im Dominikanerinnenkloster Töss bei Winterthur.

Hl. **Adelheid** (931—999), Kaiserin, Gattin Kaiser Ottos I., Stifterin vieler Schweizer Klöster.

Hl. **Adelhelm,** seit 1124 Abt von Engelberg. Erhielt vom Papst die Exemption und vom Kaiser den Blutbann. † 1131. Reliquien 1611 erhoben.

Sel. **Adelon,** Einsiedler in Bünden, 12. Jh.

Hl. **Agnes,** Königin von Ungarn. Im Jahre 1308 geschah eine Mordtat, die das ganze Abendland erschütterte. Als König Albrecht I. bei Windisch die Reuss überquerte, wurde er von seinem Neffen meuchlings ermordet. Auf diese Nachricht hin eilte die Tochter des ermordeten Königs, Königin Agnes von Ungarn, herbei und liess zur Sühne an jener Stelle das Kloster Königsfelden erbauen, wo sie über 50 Jahre lang als einfache Nonne Gott diente bis zu ihrem Tod im Jahre 1364. Ihr Gebetbuch ist das älteste deutsche Gebetbuch mit der ältesten deutschen Mariensequenz.

Alex Waldner, Kapuziner, gestorben im Dienste der Pestkranken im Jahre 1629 in Altdorf.

Alois Benziger (1864—1942), von Einsiedeln, trat in Belgien in den strengen Orden der Unbeschuhten Karmeliter und wurde ein unermüdlicher Missionsbischof in Indien.

Hl. **Altheus,** Abt von St. Maurice. In der Regierungszeit Karls des Grossen war er Bischof von Sitten, in dessen Domschatz ein kostbarer Reliquienschrein von ihm aufbewahrt wird.

Hl. **Amadeus von Pasta,** Zisterzienser, seit 1144 Bischof von Lausanne. Ein Mann von grossen Talenten und Tugenden, † 1159, in der Kathedrale von Lausanne begraben. Gebeine am 9. 12. 1911 wieder aufgefunden.

Sel. **Amandus Suso** OP, Dominikaner in Zürich, 14. Jh.

Hl. **Amatus,** Bischof von Sitten. Schweres Unrecht geschah ihm, als er unter König Theodorich III. verbannt wurde und um 690 den Tod erlitt.

Hl. **Amatus** (St. Aimé), Mönch in St. Maurice, lebte als Einsiedler in einer Felsenhöhle oberhalb der Abtei, Notre-Dame du Scex genannt. Zuletzt wirkte er als Abt von Remiremont in den Vogesen und starb um 628.

Hl. **Ambrosius,** zweiter Abt von St. Maurice, ein Mann von grosser Intelligenz und Klugheit, der die junge Gründung nach dem frühen Tod seines Vorgängers Hymnemodus zu konsolidieren wusste. † 520. Fest: 6. November.

Hl. **Angelsachsen** († 1309), wie sie im Volksmund irrtümlich genannt werden, waren drei Pilger, Ritter Kaspar von Brunnaschwyl und Graf Erhard von Sax, Herzog in Mixen und deren Knecht, die von Einsiedeln kommend, in Boswil zu einer Hochzeit geladen wurden. Weil sie der Braut einen «Guldin Pfenning» schenkten, hielt man sie für sehr begütert, lauerte ihnen bei Büelisacker auf und ermordete sie. Nach der Legende sollen sie ihre abgeschlagenen Häupter aufgenommen haben und weitergewandert sein, der Knecht nach Boswil, die beiden adeligen Pilger nach Sarmenstorf. Man fand sie am andern Tag vor der Kirche liegend und bestattete sie. 1311 wurden sie in der von den Herren von Hallwil gestifteten Angelsachsen-Kapelle beigesetzt. Seit einigen Jahren werden ihre Reliquien vor dem rechten Seitenaltar der Pfarrkirche Sarmenstorf aufbewahrt.

Sel. **Anna** von Ramschwag, Klosterfrau in St. Katharinental, 15. Jh.

Sel. **Anna** von Klingnau, Klosterfrau in Töss, 15. Jh.

Sel. **Anna Mansaseller,** Klosterfrau in Töss, 15. Jh.

Anna Maria Brunner-Probst (1765—1836) von Ramiswil, Gemeinde Mümliswil im Kanton Solothurn. Nachdem ihre Kinder erwachsen waren, nahm sie wie Bruder Klaus Abschied von Familie und Welt, unternahm 1832 eine Busswallfahrt nach Loreto und Rom, wo sie acht Monate in den Heiligtümern fast ständig im Gebet verbrachte. Auf Schloss Löwenberg bei Ilanz stellten sich elf Jungfrauen unter ihre Leitung, und sie gründete mit Bewilligung des Bischofs und zusammen mit ihrem Sohn, P. Franz Sales Brunner, die Kongregation der Schwestern vom kostbaren Blut. Anna Brunner ist ein Beispiel dafür, wie auch eine einfache Frau etwas Grosses im Reiche Gottes erreichen kann, wenn sie sich von der Liebe Gottes leiten und verzehren lässt. Am 16. Januar 1836 sagte sie auf dem Sterbebett ein Wort, das wie ein Vermächtnis für alle Eltern gelten kann: «O, wie fürchterlich ist es für eine nachlässige Mutter, vor dem strengen Gerichte erscheinen zu müssen! Sagen Sie allen Vätern und Müttern, sie sollen keinen Tag vergessen, dass sie einst auf das Todbett kommen werden, wo einem die Augen aufgehen. Dort fängt man an zu erkennen, woher die meisten Fehler der Kinder kommen. Sagen Sie auch meinen Kindern, sie sollen doch in allen ihren Schuldigkeiten genau sein. Das Gericht Gottes wird streng sein.»

Anastasius Hartmann, Luzerner Bauernfamilie entstammend, starb als heiligmässiger Missionsbischof in Indien am 22.4.1866; Seligsprechungsprozess eingeleitet.

Anselm Wickart (1601—1636), Benediktiner im Kloster Rheinau. In schwerer Zeit, als die Schweden das Land verwüsteten und die Pest wütete, wirkte er unermüdlich als Seelsorger. Bei der Erbauung der neuen Kirche im Jahre 1705 öffnete man sein Grab und fand seine rechte Hand unverwest, ganz frisch und biegsam, zum Zeichen seines Seeleneifers (Archiv von Rheinau).

Anton Ebnöther von Altstätten (St. Gallen) wurde als Missionar im Jahre 1947 in Teetu im Norden der Mandschurei von den Kommunisten schwer gefoltert und um seines christlichen Glaubens willen erschossen. Er ist der erste Martyrer der Schweizerischen Missionsgesellschaft Bethlehem.

Anton Schmid (1840—1926) von Altdorf, der als Segenspfarrer von Muotatal und grosser Beter im Gedächtnis des Volkes weiterlebt.

Sel. **Apollinaris** von Posat im Kanton Freiburg, trat in den Kapuzinerorden, wirkte als Volksmissionar in der Westschweiz, von 1785—88 als Präfekt an der Klosterschule in Stans. Ab 1788 wirkte er in Paris als Seelsorger der deutschsprachigen Katholiken und starb als Glaubenszeuge 1792 auf dem Schafott. Pius XI. sprach ihn selig.

Apollinaris Roy, Kapuziner, gestorben im Dienste der Pestkranken im Jahre 1629 in Altdorf.

Arnold Rothberg, geboren 1395 auf dem Stammschloss Rothberg in der Nähe von Maria Stein, 1451 zum Fürstbischof von Basel gewählt, ein grosser Verehrer der Mutter Gottes. In einer alten Urkunde des

Edlen von Reinach heisst es, dass «sein Tod die ganze Stadt Basel mit Tränen erfüllte». † am 7. Mai 1458.

Hl. **Asimon,** Bischof von Chur um 450. In den heftigen Kämpfen gegen die Irrlehren des Arianismus stand er auf Seite der rechtgläubigen Bischöfe.

Aurelio Bacciarini (1873—1935), von Lavertezzo im Tessin, Bischof von Lugano. Gründer des Giornale del Popolo. Seligsprechungsprozess im Gang.

Balthasar Feusi SJ (1854—1936), aus Hurden am Zürichsee, grosser Glaubenspionier bei den wilden Indianerstämmen Nordamerikas.

Sel. **Barbara** von Liebenburg, Klosterfrau in Töss, 15. Jh.

Sel. **Barbara** von Winterthur, Klosterfrau in Töss, 15. Jh.

Bartholomäa de Vantéry (1607—1631), Tochter eines hohen Offiziers, war die Gründerin der Bernardinerinnen in Collombey im Wallis. So jung sie starb, so hatte sie doch schon schwere Kämpfe für das Reich Gottes im Walliser Religionskampf durchgestanden.

Hl. **Beat,** der erste bekannte Glaubensbote der Schweiz, der 112 in der Beatushöhle am Thunersee starb. Nach ihm ist das Dorf Beatenberg benannt.

Hl. **Benno,** seit 906 Einsiedler am Grab des hl. Meinrad, wurde 927 Bischof von Metz, kehrte 929 zur Meinradszelle zurück und gründete 937 zusammen mit dem hl. Eberhard das Kloster Einsiedeln, wo er am 3. 8. 940 starb.

Sel. **Berchtold,** dritter Abt von Engelberg, war ein grosser Verehrer der Muttergottes. Unter seiner Führung gelangte die Engelberger Schreiberschule zu grosser Berühmtheit. Er war prophetisch begabt und sagte seinen Mönchen, dass Kaiser Barbarossa in Kleinasien sterben werde; der Kaiser ertrank tatsächlich auf dem dritten Kreuzzug im Fluss Saleph.

Hl. **Bernhard** von Menthon († 1081). Während 42 Jahren predigte er dem Volk der Alpen das Evangelium und gründete auf den nach ihm benannten Pässen des «Grossen- und Kleinen St. Bernhard» Hospize, die er mit Mönchen besetzte. Auch die Hunderasse der Bernhardiner trägt seinen Namen. Bernhard wurde 1681 heiliggesprochen und von Pius XI. zum Patron der Alpenbewohner, Gebirgsreisenden und der Bergsteiger erklärt. Fest: 15. Juni.

Bernhard Christen (1838—1909), von Andermatt, Kapuziner, Domprediger in Solothurn, Ordensgeneral der 8000 Kapuziner.

Bernharda Heimgartner (1822—1863), von Fislisbach (AG), Mitbegründerin und erste Oberin der Menzinger Schwestern; die Kongregation zählt heute über 3000 Schwestern in vier Erdteilen. Der Seligsprechungsprozess ist im Gang.

Sel. **Berthold** OSB († 1197), dritter Abt von Engelberg und Förderer der Maler- und Schreiberschule; bekämpfte die theologischen Irrtümer des Abtes Burkard von St. Johann im Thurtal.

Hl. **Bischof** ohne Namen. Nach der Überlieferung brach um das Jahr 1000 ein Bischof, der sich auf einer Pilgerfahrt nach Rom befand, in Cham nach der hl. Messe tot zusammen. Niemand wusste seinen Namen, und noch heute befindet sich sein Grab im linken Querschiff. Die Grabplatte weist sein Relief auf, und auf dem Altar befindet sich sein Standbild. Das Volk fasste Vertrauen und verehrte ihn wie einen Heiligen. Ein uralter Spruch besagt: «Der Bischof ohne Namen / hilft den Kindern allensamen.» Cham war im Mittelalter ein wichtiger Etappenort für Pilger, wie aus einer Schenkungsurkunde von Ludwig dem Deutschen an die Fraumünsterabtei in Zürich hervorgeht.

Hl. **Bonifaz** († 1260), Glaubensbekenner und Bischof von Lausanne; legte 1239 sein Amt wegen körperlicher

Misshandlung nieder. Am Bau der Kathedrale beteiligt.

Hl. **Burkard,** wahrscheinlich Pfarrer in Beinwil im 12. Jh. Zu seinen Überresten in der Krypta von Beinwil wird gewallfahrtet. Fest: 30. Juni.

Sel. **Cäcilia** (1483—1565), Einsiedlerin im Möösli, Flühli-Ranft, Kanton Unterwalden.

Hl. **Christina** (St. Chrischona) war nach der Legende eine Jungfrau aus Köln, die nach Rom pilgerte und auf der Rückreise in Basel starb. Führerlose Ochsen zogen ihren Leichnam auf den Chrischonaberg bei Basel, wo sie begraben und bis zur Reformation als Heilige verehrt wurde.

Hl. **Chlothilde** (474—545), Tochter des burgundischen Teilkönigs Chilperich, verbrachte den grössten Teil ihrer Jugend am Hof ihres Oheims, des burgundischen Königs Godegisel, in Genf, von wo sie der Frankenkönig Chlodwig zur Ehe begehrte. Chlothilde war eine grosse Frau, und sie war massgeblich an der Bekehrung ihres Gatten beteiligt.

Sel. **Cilia,** Klausnerin in Konstanz, 10. Jh.

Hl. **Coletta** war eine Klarissin, die ihren Orden zu neuer Blüte brachte und im Waadtland, in Vevey und Orbe, zwei bedeutende Klarissenklöster gründete. † 1447.

Sel. **Deobald,** Priester und Glaubensbekenner in Ebikon, 15. Jh.

Sel. **Diethmar** († 952), Mönch in St. Gallen, «ein der lateinischen und deutschen Sprache wohlerfahrener und gelehrter Mann», wurde als Abt nach Hirsau in Württemberg berufen.

Dorothea von Flüe, Gattin des hl. Bruder Klaus, Mutter von zehn Kindern. «Dass Klaus Gottes Ruf folgte, ist seine Heiligkeit und Grösse; dass Dorothea ihr Ja dazu gab, ist ihre unsterbliche Krone» (Jungo).

Hl. **Eberhard,** erster Abt von Einsiedeln (934—958), Erbauer der ersten Klosteranlage. Seine Reliquien wurden 1522 von Zwinglianern vergraben und später wieder erhoben. Fest: 14. August.

Sel. **Eberhard** III. (1018—1078), Graf von Nellenburg, gründete 1050 das Kloster Allerheiligen in Schaffhausen und erlangte dafür päpstlichen Schutz auf einer Romfahrt. Seine Gemahlin Ida gründete das Frauenkloster St. Agnes in Schaffhausen. Lage des Grabes in der Klosterkirche, das bis zur Glaubensspaltung verehrt wurde, jetzt unbekannt. Fest: 7. April.

Hl. **Elisabeth** von Ungarn OP, geboren 1293 in Budapest, berechtigte Erbin der ungarischen Krone, wurde aber von ihrer Stiefmutter, der Königin Agnes, 1309 zum Eintritt ins Schweizer Kloster Töss genötigt. Sie blieb in Töss, obwohl Heinrich von Österreich um sie warb. Wegen ihrer heroischen Tugenden wurde sie schon zu Lebzeiten hoch verehrt. Sie starb am 6.5.1337 in Töss und wurde in einem Hochgrab neben dem Altar beigesetzt.

Sel. **Elisabeth** von Elgau, Klosterfrau in Töss, 15. Jh.

Sel. **Elisabeth Bächlin,** Klosterfrau in Töss, 15. Jh.

Sel. **Elisabeth Hainburg,** Klosterfrau in St. Katharinental bei Diessenhofen, 15. Jh.

Sel. **Elisabeth Metzi,** Klosterfrau in Töss, 15. Jh.

Sel. **Elisabeth Schäflin,** Klosterfrau in St. Katharinental, 15. Jh.

Sel. **Elisabeth von Stofflen,** Klosterfrau in St. Katharinental, 15. Jh.

Sel. **Elsbeth Stagel** (Staglin), 1300—1360, Tochter des Zürcher Ratsherrn Rudolf Stagel, von grosser geistiger Regsamkeit, lernte 1336 den deutschen Mystiker Heinrich Seuse von Konstanz kennen, wurde dessen folgsame Schülerin und vertraute Freundin. Sie verfasste ein Buch über das mystische Leben ihrer verstorbenen Mitschwestern.

Hl. **Emerita,** Schwester des hl. Lucius; nach der Legende starb sie als Martyrin in Trimmis bei Chur, wo sie begraben wurde. Heute befinden sich ihre Überreste in der Kathedrale Chur.

Erasmus Huber, heiligmässiger Kapuziner, † 1696 in Baden.

Eugène Lachat (1819—1886), Bischof von Basel, hatte in der Zeit des Kulturkampfes schwere Kämpfe zu bestehen gegen die liberalen Regierungen von fünf Kantonen, die 1873 wegen seiner Treue zu Papst und Kirche seine Absetzung erzwangen, lebte im Exil in Altishofen und Luzern. Auf Wunsch Leos XIII. resignierte er 1884 und wurde zum Administrator des Kantons Tessin ernannt.

Hl. **Eusebius,** Mönch von St. Gallen, später Einsiedler auf dem Viktorsberg bei Röthis im Vorarlberg, wo er 884 starb. Seine Reliquien ruhen in der Klosterkirche St. Gallen.

Hl. **Felix** und **Regula,** heilige Geschwister, Patrone von Zürich, wurden zu Beginn des 4. Jh. mit ihrem Diener, dem hl. **Exuperantius,** in Zürich wegen ihres Glaubens hingerichtet. Über ihrem Grab wurde die Grossmünsterkirche errichtet. Diese drei Heiligen figurieren im Zürcher Stadtsiegel. Beim Bildersturm 1526 sollen ihre Reliquien nach Andermatt gebracht worden sein. Fest: 11. September. Im Jahre 853 gründete Kaiser Ludwig der Deutsche zu ihrer Ehre die Fraumünsterabtei; am Ort ihres Martyriums wurde die Wasserkirche errichtet.

Hl. **Fidelis** von Sigmaringen (1577—1622), Rechtsanwalt, Kapuziner, war Prediger in Altdorf, Guardian in Rheinfelden. Am 24. April 1622 wurde er bei der Predigt in der Kirche Seewis im Prätigau beschossen und bei der Flucht von kalvinischen Bauern erschlagen. Ungefähr 200 m südlich der Kirche von Seewis befindet sich in einer Wiese das sogenannte «Fidelis-Brünneli» zur Erinnerung an die Stelle, wo dieser erste Martyrer des Kapuzinerordens sein Leben für den Glauben hingab. Sein Haupt ruht in der Kapuzinerkirche Feldkirch, übrige Reliquien in der Kathedrale Chur. Fest: 24. April.

Hl. **Fintan,** Mönch und später Rekluse des Klosters Rheinau, wo er als Mitpatron verehrt wurde. † 878.

Florentin Servert, heiligmässiger Kapuziner, † 1771 in Zug.

Hl. **Florin,** Priester in Ramüs, heute Ramosch im Engadin. Seit 930 wird die dortige Kirche nach ihm benannt, und er wurde zum Patron zahlreicher Kirchen in Graubünden.

Franz Sales Brunner, 1795 in Ramiswil, Gemeinde Mümliswil im Kanton Solothurn, geboren, Noviziat in Mariastein, trat 1838 bei den Missionären vom kostbaren Blut in Albano ein und gründete auf Schloss Löwenberg in Schleuis bei Ilanz die erste Niederlassung seiner Kongregation im deutschsprachigen Raum. Zusammen mit seiner Mutter, Anna Maria Brunner, gründete er die Kongregation der Schwestern vom kostbaren Blut. 1843 zog er mit 9 Priestern, 5 Studenten und 11 Schwestern nach Cincinnati in den Vereinigten Staaten, wo bald eine blühende Provinz entstand. Er ist auch der Gründer des Klosters in Schellenberg, Fürstentum Liechtenstein, wo er sein heiligmässiges Leben am 29. 12. 1859 beschloss.

Hl. **Franz von Sales** (1567—1612), Bischof von Genf; wegen der Glaubenswirren musste er in Annecy residieren. Ein Mann von hoher Spiritualität und gewaltiger Strahlkraft. Seine Bücher gehören zum klassischen Geistesgut der Kirche. Stadtpatron von Genf.

Hl. **Fridolin** († 6. 3. 538), irischer Mönch, gründete das erste Kloster im alemannischen Raum auf der

Rheininsel in Säckingen oberhalb Basel; er soll auch das Schottenkloster in Konstanz gegründet haben. Er wurde der Landespatron des Glarnerlandes, das vom Stift Säckingen abhängig war. Als Mönch ziert er das Glarner Landeswappen. Fest: 6. März.

Sel. **Friedrich,** Mönch von Einsiedeln, wurde Abt in der Abtei Hirsau im württembergischen Schwarzwald. Auf Grund falscher Verdächtigungen wurde er abgesetzt, trug aber alle Schmach mit heroischer Demut. Er starb 1071 und wurde durch Wunder verherrlicht.

Hl. **Fromund** (St. Fromond), Begleiter des hl. Ursicin (St. Ursanne), wurde nach der Legende in Bonfol im Berner Jura begraben und dort bis heute verehrt.

Sel. **Frowin,** seit ca. 1142 Abt von Engelberg, durch Gründung einer Schule und Bibliothek brachte er Engelberg zu grosser Blüte. Durch seine Schreiber- und Malerschule wurde Engelberg im ganzen Abendland bekannt. Frowin war selbst als Illustrator tätig. † 1178.

Hl. **Gallus** (529—614), schottischer Mönch, zog limmataufwärts, stürzte in Tuggen die Götzenbilder in den Zürichsee, wirkte in Arbon und Bregenz und wurde der Gründer des Klosters St. Gallen. Fest: 16. Oktober.

Gaspard Mermillod (1824—1892), geboren in Carouge bei Genf, 1873 wurde er zum Apostolischen Vikar von Genf ernannt. Die Radikalen sahen darin den Versuch der Errichtung eines neuen Bistums, und die Folge war eine neue Welle des Kulturkampfes. Mermillod wurde 1873 vom Bundesrat verbannt. Leo XIII. beschloss den Konflikt, indem er Mermillod 1883 zum Bischof von Lausanne, Genf und Freiburg mit Residenz in Fribourg ernannte. Mermillod war ein weltbekannter Redner, Kurienkardinal und Gründer (zusammen mit Maria Chappuis) der Oblatinnen des hl. Franz von Sales. Sein Gesamtwerk erschien 1893 in drei Bänden in Paris.

Hl. **Gaudentius,** nach der Legende Glaubensbote und Martyrer im Bergell im Kanton Graubünden. Wurde bei Casaccia am Fusse des Septimers am 27. 12. 978 enthauptet und in Maloja begraben. Die Kirche in Casaccia, in welcher seine Gebeine ruhten und welche 998 erstmals urkundlich erwähnt wird, wurde 1551 von den Protestanten zerstört und existiert noch als Ruine. Fest: 22. Januar.

Hl. **Gebhard** (949—995), Sohn des Grafen Ulrich von Bregenz, unter dem hl. Konrad in der Konstanzer Domschule erzogen, seit 979 Bischof von Konstanz, Gründer der Benediktiner-Abtei Petershausen. Die Schweden hatten sein väterliches Schloss in die Luft gesprengt; an jener Stelle, hoch über dem Gebhardsberg, der Bregenz überragt, wurde die Wallfahrtskirche St. Gebhard errichtet. Fest: 27. August.

Sel. **Gerald,** Mönch im Kloster St. Gallen, Vorsteher der Klosterschule.

Hl. **Germanus** von Trier, gründete um das Jahr 640 das Kloster Moutier-Grandval, starb am 21. Februar 675 mit seinem Mönch Randoald in Courrendlin als Martyrer der Gerechtigkeit. Reliquien in Delsberg. Das Kloster in Moutier wurde in der Reformation zerstört. Das Tal trägt noch heute den Namen Münstertal (von Moutier-Monasterium).

Hl. **Gerold,** rhätischer Edelmann, gab seine beiden Söhne Cuno und Ulrich nach Einsiedeln: der erstere wurde Dekan, der zweite Kustos. Im heutigen Grosswalsertal hatte er einen grossen Landsitz, wo er als Einsiedler lebte und eine Propstei erbaute, die er dem Kloster Einsiedeln vermachte, in dessen Besitz sie unter dem Namen «St. Gerold» bis heute verblieb. Dort ruhen auch seine Reliquien. Er starb am 10. April um 978.

Sel. **Gisela** starb um das Jahr 1277 und wurde in

Veltheim im Kanton Aargau begraben, wo sie bis zum Ausbruch der Reformation verehrt wurde.

Sel. **Gregor,** ein Angelsachse aus adeligem Geschlecht, kam 949 nach Einsiedeln, wurde 964 Abt. Dank seiner Freundschaft mit dem sächsischen Kaiserhaus erhielt das Kloster grössere Güterschenkungen. Kaiser Otto der Grosse kam mit seiner Gemahlin Adelheid selbst nach Einsiedeln, sicherte dem Stift das Recht freier Abtwahl und eigener Gerichtsbarkeit und schenkte dem Kloster die Insel Ufenau im Zürichsee, die bis zum heutigen Tag Eigentum des Klosters Einsiedeln verblieben ist. † 996. Fest: 8. November.

Hl. **Guarin,** auch Warin genannt (St. Guérin), Mönch von Solesmes, war von 1138 bis ca. 1150 Bischof von Sitten; er verband die Sorge des Hirten mit der Strenge des Mönchs. Durch Wunder verherrlicht.

Sel. **Gutta Mestin,** Klosterfrau in St. Katharinental, 15. Jh.

Hans Im-Sand von Meiringen, Führer der katholischen Oberländer in der Reformation, wurde in Gegenwart seiner Frau und seiner Kinder als «Papist» enthautet. Sein Haupt wurde in Sachseln beigesetzt. Er wurde im Mittelalter als Glaubensheld verehrt.

Sel. **Hartker,** Einsiedler bei St. Gallen, 10. Jh.

Sel. **Heinrich Seuse** oder Suso (1295—1366), aus dem ritterlichen Geschlecht von Berg stammend, wurde im Dominikanerkloster Konstanz erzogen. Vom 18. bis 40. Lebensjahr strengste Kasteiungen, zahlreiche Visionen und Ekstasen. Wirkte in den Dominikanerinnenklöstern der Schweiz und hatte ein besonderes Charisma der Seelenführung. Infolge des Streites zwischen Kaiser und Papst verbrachten die Konstanzer Dominikaner die Jahre von 1339 bis 1346 im Exil in Diessenhofen bei St. Katharinental; Heinrich Seuse war ihr Prior. Seuse war ein hervorragender Mystiker von grosser Gemütstiefe, dichterischem Schwung und Phantasie. Seine Bücher, vor allem sein «Büchlein von der ewigen Weisheit», das heute noch im Handel ist, übten im christlichen Abendland einen grossen Einfluss aus.

Hl. **Heinrich** (985—1019), Sohn des Grafen Ulrich von Lenzburg, Bischof von Lausanne, Martyrer. Begründer der weltlichen Macht der Bischöfe von Lausanne über das Waadtland.

Sel. **Heinrich,** Franziskaner, in Winterthur, 14. Jh.

Heinrich Arnold, Prior im Karthäuserkloster in Basel, ein sehr frommer und gelehrter Mann, amtete auf dem Konzil in Basel als Notar und war ob seiner Klugheit sehr beliebt. † 1487.

Sel. **Heinrich Pfrinz,** Hirt von Gerlikon genannt, † um 1200, in der Kirche Gachnang im Kanton Thurgau beigesetzt. Durch Wunder verherrlicht. Das Chorstift Gachnang — ursprünglich Frauenkloster von Cluny — wurde in der Reformation aufgehoben.

Heinrich von Westhofen. Im Jahre 1233 wurden die Dominikaner nach Basel berufen, und zwar von Heinrich II., Graf von Thun, Bischof von Basel. In der St. Johann-Vorstadt bauten die Dominikaner ein geräumiges Kloster, das vom hl. Albert dem Grossen am 9. September 1269 eingeweiht wurde. Der erste Prior des Basler Dominikanerklosters war Heinrich von Westhofen, der 1252 starb und von dem Wursteisen in seiner Basler Chronik schrieb: «Er leuchtete mit vielen Wunderwerken und wurde deswegen nach seinem Tode von den Dominikanern als ein Heiliger verehrt.» Das Kloster besass eine berühmte Bibliothek mit wertvollen griechischen Handschriften und Werken der Naturwissenschaft, die nach der Reformation der Universitätsbibliothek einverleibt wurden.

Helena Brumsin, aus adeligem Geschlecht von Herblingen bei Schaffhausen, Klosterfrau in St. Katharinental. Sie war sehr lau, doch als sie den Aussatz erhielt, erbaute sie alle durch ihre heroische Geduld. Bucelin gedenkt ihrer um das Jahr 1361.

Sel. **Helena Helci,** Klosterfrau in St. Katharinental, 15. Jh.

Sel. **Hermann der Lahme** OSB (1013—1054). Von frühester Jugend durch ein schweres Gichtleiden gelähmt, kaum seiner Zunge und Finger mächtig, lebte er seit seinem 7. Lebensjahr im Kloster Reichenau. So armselig er körperlich war, so ungeheuer reich war er an Geist und Wissen; er verfasste Bücher über Mechanik, Mathematik, Astronomie und Musik und betätigte sich als Dichter und Komponist. Weltberühmt wurde er als Verfasser des «Salve Regina» und des «Alma Redemptoris mater». Das «Salve Regina» verfasste er anlässlich des Papstbesuches auf der Insel Reichenau. Obwohl keine Selig- und Heiligsprechung stattfand, wurde Hermann der Lahme in Süddeutschland und in der Schweiz verehrt.

Sel. **Hesso,** erster Abt von Beinwil am Passwang im Kanton Solothurn. Hesso war ein grosser Organisator und heiligmässiger Mönch. † 1133. Der Konvent von Beinwil wurde 1636 nach Mariastein verlegt; die Klosterkirche dient heute noch als Pfarrkirche.

Hl. **Himerius** (St. Immer, französisch: St-Imier), geboren um 550 auf dem Edelsitz Lugnez bei Pruntrut, unternahm eine Pilgerfahrt nach Jerusalem, verkündete das Evangelium im nördlichen Juragebiet. Die Ortschaft St-Imier trägt heute noch seinen Namen. † 12. 11. 612.

Hitto, Bruder der hl. Wiborada, Mönch im Kloster St. Gallen, 10. Jh.

Hl. **Hygin,** stammte aus dem Wallis, war der vierte Bischof von Genf, kehrte um das Jahr 155 nach dem Wallis zurück.

Hl. **Hymnemodus** (Hymnemund), erster Abt von St. Maurice. Er führte das ununterbrochene Gotteslob ein: Beständiger Psalmengesang bei Tag und Nacht durch fünf sich ablösende Mönchschöre. † 516.

Hl. **Ida,** Gräfin von Toggenburg, wurde von ihrem Gatten in einem Anfall von Eifersucht über die Burgzinne gestürzt. Die hl. Ida wurde im Kloster Fischingen begraben und im Volk als Beschützerin der Armen, Kranken und Sterbenden hoch verehrt. Fest: 3. November.

Ida Sulzer, Laienschwester in St. Katharinental, starb um 1380. Der Biograph Bucelin hatte sie aufs höchste gelobt.

Sel. **Ida** von Hallau, Klosterfrau in St. Katharinental, 15. Jh.

Sel. **Ida** von Wetzikon, Klosterfrau in Töss, 15. Jh.

Sel. **Ida** von Sulz, Klosterfrau in Töss, 15. Jh.

Illuminat Rosengardt (1612—1632), aus Thann im Elsass, hatte in Pruntrut bei den Jesuiten studiert, war charismatisch begabt, hatte vertrauten Umgang mit dem Schutzengel, starb als Franziskaner in Luzern («Omnium opinione beatus»).

Sel. **Iso,** Mönch von St. Gallen, wirkte als berühmter Lehrer in den letzten Lebensjahren an der Stiftsschule in Moutier-Grandval, wo er 871 starb.

Jean Pierre Blanchard (1762—1824), stammte aus dem Berner Jura, studierte in Deutschland Theologie, lebte als Pfarrer in Soyhières einfach und asketisch wie ein Pfarrer von Ars.

Januarius Gilli, heiligmässiger Kapuziner, † 1728 in Olten.

Sel. **Johannes Wagner** wurde 1476 Laienbruder im Karthäuserkloster Ittingen nördlich von Frauenfeld. Das Kloster nahm einen regen Aufschwung. Johannes

Wagner fürchtete, bei der regen Bautätigkeit von der Kontemplation abgelenkt zu werden. Mit Erlaubnis von Papst Innozenz VIII. und seiner Obern zog er sich in die Einsamkeit zurück. Im Herrgottswald (heute Hergiswald genannt) am Pilatus oberhalb Kriens (Luzern) fand er einen überhängenden Felsen, der ihm als Höhle diente. Der Luzerner Schulthess Jakob Vonwyl und seine fromme Gattin Anna Feer liessen ihm eine Hütte und Kapelle erbauen, die 1504 von Weihbischof Balthasar von Konstanz eingeweiht wurde. Die Inschrift über seinem Grab lautet: «Hier ruhen die Gebeine des seligen Bruders Hans Wagner, Carthäuserordens, allhier Waldbruder, welcher Christo treulich gedient bis an sein letztes Ende. Ging in die Wildnis im Jahre 1489. Starb gottselig im Jahre 1516 am 19. Mai.» Hergiswald mit dem Grab von Johannes Wagner ist auch heute noch eine viel besuchte Wallfahrtskirche: Marienheiligtum mit Loreto-Kapelle.

Johannes IV., Bischof von Basel, eröffnete 1460 die von Pius II. gestiftete Universität Basel.

Johannes Chrysotomus Schenk, Kapuziner, grosser Verehrer des Jesuskindes, † 1634 in Delsberg.

Sel. **Johannes Senn** von Münsingen, wurde 1334 Bischof von Basel, erlebte 1356 ein schreckliches Erdbeben, das fast die ganze Stadt und das Münster zerstörte, konnte 1363 das neue Münster einweihen, in welchem er 1365 beigesetzt wurde.

Josef Anton Blatter aus Visp, der letzte Fürstbischof vom Wallis, † 1807, im Volk «der Heilige» genannt.

Josef Anton Salzmann, 1780 in Luzern geboren, 1828 zum Bischof von Basel gewählt. Sein Leitspruch: «Ihr seid das Salz der Erde.» Während seiner 25jährigen Amtszeit weihte er 529 Priester.

Joseph Helg (1721—1787) gründete als Pfarrer von Bernhardzell zwei Klöster der ewigen Anbetung:

Glattburg bei Oberbüren (SG) und Berg Sion in Gommiswald ob Uznach.

Josef Leu von Ebersol, Luzerner Bauernführer, grosser Förderer des Lehrerseminars St. Urban und des Priesterseminars in Luzern. Dieser grosse Kämpfer für Gott und Vaterland wurde am 20. Juli 1845 von einem Meuchelmörder nachts im Bett erschossen.

Hl. **Karl Borromäus**, 1538 am Lago Maggiore geboren (die Borromäischen Inseln tragen den Namen seiner Familie), Bischof von Mailand. Als päpstlicher Beauftragter machte er ausgedehnte Visitationsreisen im Tessin und in der Innerschweiz und sorgte für die Durchführung der Reformmassnahmen des Konzils von Trient. In sehr vielen Kirchen der Schweiz stösst man auf sein Bild, erhielt er doch den Titel eines «Patronus Helvetiae Catholicae». In strenger Aszese und unermüdlichem apostolischem Einsatz starb er bereits 1584. Die Errichtung der Nuntiatur und die Berufung der Jesuiten und Kapuziner geht auf seine Anregung zurück.

Karl Rudolf von Buol-Schauenstein (1760—1833), letzter Fürstbischof von Chur, erster Bischof von St. Gallen. Während der französischen Revolution musste er seinen Sitz nach Meran verlegen. In all den schweren Kämpfen stellte er sich wie eine Mauer vor die Kirche. Als Bischof von St. Gallen hatte er mit Reformern zu tun, die die Kirche durch Synoden regieren und demokratisieren wollten. Während seiner 40-jährigen Amtszeit als Bischof hatte er sich als guter Hirt erwiesen. Die Eingeweide des Seligen wurden in der Gruft der Fürstäbte in St. Gallen beigesetzt, der Leichnam in der Kathedrale Chur am 28. Oktober 1833 durch Paulus, den letzten Fürstabt von Pfäfers, in die bischöfliche Gruft versenkt.

Hl. **Karthäuser** von der Klause Ittingen im Kanton Thurgau und von La Valsainte im Kanton Freiburg.

Sel. **Katharina Blettlin,** Klosterfrau in Töss, 15. Jh.

Sel. **Kebbennina,** Dienstmagd bei St. Gallen, 10. Jh.

Sel. **Kerhildis,** Klausnerin bei St. Gallen, 10. Jh.

Sel. **Klara Anna von Hohenberg,** Klosterfrau in St. Katharinental, 15. Jh.

Hl. **Kolumban** (543—615), irischer Glaubensbote, wirkte mit dem hl. Gallus in Tuggen am Zürichsee, Arbon und zwei Jahre in Bregenz.

Kolumban Precht, heiligmässiger Provinzial der Kapuziner, † 1643 in Sursee.

Hl. **Konrad** (900—975), Bischof von Konstanz, pilgerte dreimal ins Heilige Land. Er starb am 26. November 975. Im Reformationsjahr 1526 wurden seine Gebeine in den Bodensee geworfen, sein Haupt jedoch heimlich gerettet; später im Münsterschatz aufbewahrt.

Hl. **Konrad,** Freiherr von Seldenbüren (Sellenbüren, Kanton Zürich), stiftete und baute im Jahre 1119 das Kloster Engelberg, das am 1. April 1121 von Bischof Udalrik von Konstanz eingeweiht wurde. Vom Beispiel des Abtes Adelhelm ergriffen, trat der Freiherr Konrad selbst ins Kloster und diente als einfacher Laienbruder. Am 2. Mai 1126 wurde Konrad von einem feindlich gesinnten Ritter, der ihm die Güter streitig machte, die Konrad dem Kloster vergabt hatte, meuchlings ermordet. Konrad wurde als «Stifter und erster Heiliger des Gotteshauses» im Chor der Hauptkirche in Engelberg beigesetzt und vom Volk verehrt.

Sel. **Konrad Scheuber** ab Altsellen (1481—1559), ein Enkel des hl. Bruder Klaus, wurde 1543 von der Landsgemeinde zum Landammann, dem höchsten Amt, gewählt, zog sich dann wie sein Grossvater als Einsiedler in den Ranft zurück. Nach drei Jahren floh er vor den vielen Pilgern in die «Bettelrüti» oberhalb Wolfenschiessen im Kanton Nidwalden. Seine Reliquien ruhen in der dortigen Pfarrkirche unter dem Chorbogen.

Leonz, Abt von St. Maurice, starb am 22. Oktober um das Jahr 606 im Rufe der Heiligkeit.

Sel. **Louise** von Savoyen, lebte als Klarissin im Kloster von Orbe im Waadtland. † 1503. Papst Gregor XVI. hat ihre Verehrung kirchlich anerkannt.

Louise von Sury-Büssy († 1797), eine geb. Tschudy aus Glarus, war ein Engel der Caritas für Hunderte von Priestern, die während der Französischen Revolution aus Frankreich vertrieben wurden.

Sel. **Lucia Schultheiss,** Klosterfrau in Töss, 15. Jh.

Hl. **Lucius,** König von Britannien, der nachweisbar an Papst Eleuther (177—192) geschrieben hatte, war der erste Apostel Rhätiens. Die Namen St. Luziensteig, St. Luzi Chur und die Höhle «St. Lucis-Löchlein» erinnern an ihn. Über seinem Grab wurde die Prämonstratenserabtei St. Luzi errichtet, heute Priesterseminar. Hauptpatron des Bistums und der Stadt Chur.

Sel. **Luitfried,** erster Abt von Muri im Kanton Aargau. Ursprünglich war er Mönch in St. Blasien. † 1096.

Sel. **Luitgard** von Stein am Rhein, Klosterfrau in St. Katharinental, pflegte eine besondere Verehrung für den hl. Johannes, den Lieblingsjünger des Herrn. Ihre Mitschwester, Maria Magdalena, so berichtet die Handschrift aus dem Kloster Rheinau, hat sie ermahnt, die kranken Schwestern so zu bedienen, als ob sie dem Herrn selbst aufwarte.

Lukas Etlin OSB, von Sarnen, heiligmässiger Mönch und Spiritual in USA, 1864—1927.

Hl. **Lupizinus,** christianisierte zusammen mit seinem Bruder, dem hl. Romanus, die Westschweiz, starb am 21. März 463/64 in Romainmôtier im Kanton Waadt.

Hl. **Magnus** (Mang), Rhätoromane, geboren um 699, Benediktinermönch von St. Gallen, missionierte seit

746 mit seinem Gefährten Theodor am Lech, gründete in Füssen eine Zelle, aus der später das Kloster entstand. Gilt als der Apostel des Allgäus. † 6. September um 772.

Sel. **Margareta** von Hünikon im Kanton Zürich, Klosterfrau in Töss, 15. Jh.

Sel. **Margareta** von Zürich, Klosterfrau in Töss, 15. Jh.

Sel. **Margareta Fink,** Klosterfrau in Töss, 15. Jh.

Sel. **Margareta Willi,** Klosterfrau in Töss, um 1245.

Margrit Bays (1815—1879), von La Pierraz, Kirchgemeinde Siviriez bei Romont im Kanton Freiburg, von Beruf Näherin, trug die Stigmata, wurde am 8. Dezember 1854 von einem Krebsleiden wunderbar geheilt. Tochter des Paulus-Werkes. 1955 wurde der Seligsprechungsprozess eingeleitet. Am 16. Mai 1929 fand die erste Exhumierung ihrer Leiche in Gegenwart von mehr als 1500 Pilgern statt; die zweite Exhumierung fand am 9. Juli 1953 in Gegenwart von Bischof François Charrière, des Postulators und des Gerichtes statt. Die medizinischen Sachverständigen machten eine Befundaufnahme. Damit waren die beiden Vorbereitungsprozesse abgeschlossen. Am 26. Juli 1953, als der Informationsprozess offiziell eröffnet wurde, war der ganze Kanton Freiburg vertreten: zahlreiche kirchliche Würdenträger, der Staatsrat in corpore, Behördemitglieder, insgesamt 15 000 Personen. Angelo Jelmini, Dekan der Schweizer Bischöfe, zelebrierte im Freien ein feierliches Pontifikalamt. Bereits im Oktober 1929 hatte Bischof Marius Besson einen Hirtenbrief über Margrit Bays herausgegeben und die Gläubigen aufgefordert, die Dienerin Gottes Margrit Bays anzurufen, allerdings erst in privater Form, und für ihre Seligsprechung zu beten. Möge der Wunsch dieses grossen Bischofs in Erfüllung gehen! Die Grabstätte von Margrit Bays befindet sich in der Kirche Siviriez (zwischen Lausanne und Freiburg).

Maria Bernarda Bütler (1848—1924), von Auw/AG, zuerst in Altstätten tätig, Gründerin der Genossenschaft der Franziskaner Missionsschwestern von Maria Hilf in Cartagena in Kolumbien, wo sie als «Santa madre» im Gedächtnis des Volkes weiterlebt. Ihr Seligsprechungsprozess ist weit fortgeschritten.

Maria Josefa Kümi (1763—1817), in Wollerau geboren, im Zisterzienserinnenkloster Wurmsbach am oberen Zürichsee erzogen, trat sie 1780 ins Dominikanerinnenkloster Weesen ein. Nach ihrem Tod wurde sie vom Volk mit Billigung des Bischofs wie eine Heilige verehrt.

Maria Salesia Chappuis (Sr. Marie de Sales), 1793 bis 1875, im Gasthaus «Zum weissen Kreuz» in Soyhières im Berner Jura aufgewachsen, Tochter einer kinderreichen und frommen Familie, in der gefährlichen Revolutionszeit immer wieder auf die Probe gestellt und im Glauben befestigt, wurde sie Salesianerin im Kloster der Visitation in Fribourg. Sie war eine grosse und mutige Frau, mild und klug und wurde von hohen Persönlichkeiten um Rat und Gebet angegangen. Kardinal Mermillod gründete mit ihr zusammen die Kongregation der Oblatinnen vom hl. Franz von Sales. Sie starb am 7. Oktober in dem von ihr gegründeten Kloster in Troyes in Frankreich. Acht Jahre nach ihrem Tod begann bereits der Informativprozess für die Seligsprechung. 1901 begann der Apostolische Prozess; als man ihr Grab öffnete, fand man ihren Leichnam — wie sie es vorausgesagt hatte — unverwest.

Maria Theresia Scherer (1825—1888). Geboren in Meggen (Luzern). 1845 Eintritt in das von P. Theodosius Florentini gegründete Institut der Lehrschwestern vom hl. Kreuz. Lehrerin in Galgenen, Baar und Oberägeri. 1851 «Armenmutter» in Näfels. 1852 Oberin im Kreuzspital in Chur. 1857 zur Generaloberin der Barmherzigen Schwestern in Ingenbohl gewählt. Der bischöfliche Informationsprozess wurde 1942 abgeschlossen. Ihr Grab in der Institutskapelle in Ingenbohl wird täglich von vielen Pilgern besucht. Die Ingenbohler Kreuzschwestern zählen heute in der Schweiz rund 2000, im Ausland weitere 6000 Schwestern.

Maria Veronika Velzin (1572—1651) von Baden, brachte das Frauenkloster Muotathal durch ihre kluge Leitung und ihr heiligmässiges Leben zu neuer Blüte. Sie wurde als heilige Frau verehrt.

Maria von der Heiligsten Dreifaltigkeit (1901—1942), hiess mit bürgerlichem Namen Louisa Jaques, wurde in Südafrika von protestantischen Eltern schweizerischer Herkunft geboren, verbrachte die Jugend in Morges am Genfersee, konvertierte 1928 in Mailand zur katholischen Kirche und trat 1937 in Jerusalem in den Orden der Klarissen ein. Sie war mystisch begnadet und erhielt zahlreiche Offenbarungen vom Heiland, die ihr Seelenführer, P. Silverus van de Broek OFM, in vielen Weltsprachen unter dem Titel «Jesus, ihn höret» herausgab.

Hl. **Marius**, Bischof von Aventicum. Aventicum, das heutige Avenches im Waadtland, war die Hauptstadt der Helvetier und war bis zur Zerstörung durch die Alemannen Bischofssitz. Der hl. Marius war einer der bedeutendsten kirchlichen Führer seines Jahrhunderts, gründete viele Kirchen (z. B. die Marienkirche von Payerne). Im Jahre 585 verlegte er seinen Bischofssitz nach Lausanne, wo er 594 starb.

Marius Besson (1876—1945), von Chapelle-sur-Moudon (Waadt), der unvergessliche Bischof von Lausanne, Genf und Freiburg (1920—1945). Von ihm stammt das schöne Wort, das sich jeder Schweizer zu eigen machen sollte: «Dank Dir, o Gott, Dank, dass Du uns zur irdischen Heimat dieses wunderbare Land gegeben hast.»

Marquard Imfeld, heiligmässiger Kapuziner, † 1718 in Luzern.

Martin Schmid SJ (1694—1772), Schweizer Jesuit, der als heiligmässiger Missionar im Jesuitenstaat Paraguay bei den Indianern wirkte und als «Reisläufer Gottes» viele Abenteuer erlebte.

Mathilde von Klingenberg bei Müllheim (TG), Klosterfrau in Töss, Verfasserin mehrerer Bücher und talentierte Chorleiterin. Elsbeth Staglin berichtet, dass Mathilde von Klingenberg oft so von Gott ergriffen war, dass sie nur mit Tränen in den Augen singen konnte. 15. Jh.

Matthäus von Herbstheim, heiligmässiger Provinzial der Kapuziner, † 1654 in Luzern.

Matthias Will, 1612 in Naters getauft, Doktor der Theologie, Grosskantor in Sitten, ab 1651 Pfarrer in Leuk. 1654 wurde ein uneheliches Kind vor die Türe des Pfarrhauses gelegt und das Gerücht in Umlauf gesetzt, der Pfarrer sei der Vater des Kindes. Der Pfarrer verteidigte sich nicht, sondern legte alles in Gottes Hand. Er kehrte nach Sitten zurück, doch alle verachteten ihn, und er litt furchtbar unter der Verleumdung. Nach vielen Monaten wurde die Verleumderin schwer krank, das Gewissen regte sich in ihr, und sie legte ein Geständnis ab. Die Gemeinde Leuk sandte eine Abordnung nach Sitten, die Abbitte leisten musste. Matthias Will war ein grosser Arbeiter im Weinberg des Herrn, er heilte Kranke und wurde oft als Exorzist gerufen. Er starb am 14. Februar 1696 und wurde im Volk wie ein Heiliger verehrt; Gott verherrlichte seinen Diener durch viele Wunder und Krankenheilungen.

Maurice Tornay, geb. 1910 in La Rosière im Wallis, Augustiner Chorherr vom Grossen St. Bernhard, † 1949 als Märtyrer in Tibet.

Hl. **Mauritius**, Anführer der thebäischen Legion. Der in Octodurum (Martigny) weilende römische Kaiser Maximianus Herkulius, ein fanatischer Christenverfolger, liess im Jahre 302 die aus 6600 christlichen Soldaten bestehende thebäische Legion zuerst zweimal dezimieren und dann ganz niederhauen. Das Martyrium dieser Legion und ihrer drei Anführer Mauritius, Exsuperius und Candidus ist historisch. St. Maurice im Wallis und St. Moritz im Kanton Graubünden erinnern heute noch an den im Mittelalter hochverehrten Blutzeugen St. Mauritius.

Maurus Carnot OSB (1865—1935), Benediktiner von Disentis, Mönch, Priester und Dichter.

Max Westermaier (1852—1903), Professor für Botanik an der Universität Fribourg, ein Naturforscher, der ganz von der Grösse Gottes durchdrungen war. Auf Begehren der Professorenschaft wurde 1948 der Seligsprechungsprozess eingeleitet. Nach langer Informationsarbeit konnte der Bischof am 12. Februar 1966 die feierliche Schlussitzung halten und die Akten nach Rom senden. Am 28. Mai 1969 fand die Exhumierung statt; die Gebeine wurden im Beisein von Bischof Charrière in die neue Krypta unter dem Fussboden der Universitätskapelle rechts neben dem Altar beigesetzt.

Sel. **Mechtild** von Stans, Klosterfrau in Töss, 15. Jh.

Hl. **Meinrad**, dem württembergischen Sülchgau entstammend, wurde auf der Insel Reichenau Priester und Mönch. In Bollingen am oberen Zürichsee wirkte er als Schulvorsteher. Um das Jahr 835 zog er als Einsiedler in den «Finstern Wald». Dort, wo heute Einsiedeln liegt, baute er sich eine Zelle. Die beiden Räuber, die den Eremiten töteten, wurden von zwei Raben verraten. Die Leiche Meinrads wurde auf der Reichenau beigesetzt, im Jahre 1039 nach Einsiedeln zurückgeholt, genau so, wie die Mönche von St. Gallen die Gebeine des hl. Othmar von der Insel Werd zurückholten. Fest: 21. Januar.

Meinrad Eugster OSB (1848—1925), von Altstätten im Rheintal, heiligmässiger Klosterbruder von Einsiedeln. Von Beruf Schneider. Seligsprechungsprozess im Gang.

Michel-Angelus Meyer, Kapuziner, gestorben im Dienste der Pestkranken im Jahre 1611 in Schwyz.

Hl. **Niklaus von Flüe** (1417—1487). Kein Heiliger ist so mit dem Volk und der Geschichte der Eidgenossen verwachsen wie Bruder Klaus. Er war Ratsherr, Richter, Landammann, Tagsatzungsgesandter und Hauptmann bei der Truppe. Immer dringender hörte er in seinem Innern den Ruf Gottes, aber auch den Hass des Teufels spürte er oft physisch (einmal schmetterte ihn der Teufel einige Meter tief von der Alp, wie sein Sohn bezeugte). Am 16. Oktober 1467, am St.-Gallus-Tag, nahm er Abschied von Weib und seinen zehn Kindern mit den Worten: «Es segne euch der Vater, der Sohn und der Heilige Geist! Gott will es so! Der Name Jesus syg üwer Gruess!» Zwanzig Jahre lang lebte er als Einsiedler im Ranft, ganz in Gebet und Betrachtung versunken, von himmlischen Erscheinungen erleuchtet, und oft um Rat gefragt von den Grossen der Welt. Zwanzig Jahre lang lebte er ohne Speise und Trank, allein von der hl. Kommunion; das war sogar für die damalige Zeit eine solche Provokation, dass die Berner Regierung eine Wachtmannschaft sandte, die den Heiligen überwachen musste. Bruder Klaus wurde zum Retter des Vaterlandes, als er am 22. Dezember 1481 durch sein Gebet und seinen Rat anlässlich der Tagsatzung in Stans die entzweiten Eidgenossen versöhnte. 1934 wurden seine Gebeine neu gefasst und in einem silbernen Schrein im Chor der Pfarrkirche Sachseln beigesetzt. Am 15. Mai 1947 wurde Bruder Klaus in der St. Peterskirche in Rom

Zu den Bildern:

Seite 153: Kopfreliquiar des hl. Mauritius um 1180. Silber, zum grössten Teil vergoldet. Anno 1668 hat der Rapperswiler Goldschmied Johann Caspar Dietrich (1637—1689) diesen eindrucksvollen romanischen Kopf in ein barockes Büstenreliquiar eingebaut. Stammt aus dem Benediktinerkloster Rheinau, kam in den Besitz von Baron Meyer von Rothschild und wurde 1897 von der Gottfried-Keller-Stiftung erworben. Wenn das alte Wort wahr ist, dass das Blut der Martyrer der Same ist für neue Christen, dann war der hl. Mauritius, der Anführer der 6000 thebäischen Legionäre, die im Wallis ihr Leben für Christus hingaben, der grosse Sämann Gottes in unserem Lande.

Seite 154: St. Gallus mit dem Bären und St. Othmar mit dem Weinfässchen, die beiden Gründer von St. Gallen, als überlebensgrosse Holzfiguren. Schmückten als Pendantfiguren den Hochaltar der Pfarrkirche Wil (SG), seit 1906 im Besitz des Schweiz. Landesmuseums in Zürich.

Seite 155: Niklaus Wolf von Rippertschwand, der grosse Beter aus dem Luzernerland. Zeichnung von Theres Lüthold. Entnommen dem Buch von Ida Lüthold-Minder, «Erleuchteter Laie», Antonius-Verlag, Solothurn.

Seite 156: Maria Salesia, dem Jura entstammend, von der Spiritualität des grossen Franz von Sales geprägt, dessen Namen sie trug, gehört sie zu den Lieblingen Gottes, deren Leib unverwest blieb, wie sie es selbst vorausgesagt hatte.

Seite 157: Bischof Anastasius Hartmann, gemalt in Luzern vom bekannten Kirchenmaler der Nazarenerschule, Melchior Paul von Deschwanden (1811—1881) von Stans.

Seite 158: P. Theodosius Florentini, der dynamische Initiator, als Bauherr von Ingenbohl. Ölgemälde unbekannter Herkunft im Generalat der Schwestern vom Heiligen Kreuz in Ingenbohl. Der Bauplan in seinen Händen deutet auf die Gründung des Mutterhauses in Ingenbohl. Aus dem Buch von Veit Gadient: P. Theodosius Florentini, Rex-Verlag Luzern 1946.

Seite 159: Maria Theresia Scherer, gründete zusammen mit Theodosius Florentini den Orden der Kreuzschwestern von Ingenbohl.

Seite 160: Bruder Meinrad Eugster, Klosterbruder in Einsiedeln, der Mann mit dem abgeklärten, wissenden Blick. Entnommen mit gütiger Erlaubnis des Verfassers dem Bildband «Mann Gottes Bruder Meinrad Eugster» von P. Johann Chrystostomus Zürcher OSB.

in Anwesenheit von 6000 Schweizer Pilgern von Pius XII. heiliggesprochen. Fest: 25. September.

Hl. **Nicolo Rusca**, geboren 1563, aus Pedano im Tessin, wurde am 2. September 1618 in Thusis von fanatischen Prädikanten der Calviner seines katholischen Glaubens wegen zu Tode gefoltert und starb, nachdem er drei Stunden lang am Folterseil gehangen hatte, als Blutzeuge. Seine Gebeine wurden von Pfäfers mit Bewilligung der St. Galler Regierung nach Sondrio im Veltlin übertragen. Der Seligsprechungsprozess ist im Gang.

Niklaus Wolf von Rippertschwand (1756—1832), Luzerner Grossbauer in Neuenkirch, Gemeindevorsteher, Kantonsrat, zur Zeit der Aufklärung ein Fels der Kirche, ein grosser Beter, ein echter Mann Gottes, der durch sein Gebet unzählige Heilungen erzielte, die amtlich beglaubigt sind.

Sel. **Notker** (Balbulus der Stammler) OSB (840—912), einem hochadeligen Geschlecht von Heiligau in Elgg im Kanton Zürich entstammend, zart und doch von heroischer Widerstandskraft, ein grosser Gelehrter, Musiker und Dichter, gilt als «der erste Komponist deutscher Abstammung», ist Verfasser eines Martyrologiums. Ekkehard IV. bezeichnete ihn als «ein Gefäss des Heiligen Geistes, wie es damals in gleicher Fülle kein zweites gab». Durch eine päpstliche Bulle vom 12. Dezember 1512 durfte Notker in St. Gallen als Seliger verehrt werden und seit 1513 in der Diözese Konstanz. Fest: 8. April.

Sel. **Notker** (Labeo) OSB (950—1022), bedeutendster Lehrer zu St. Gallen, brachte die Klosterschule zur höchsten Blüte, übersetzte zahlreiche Klassiker ins Deutsche und ist der Verfasser zahlreicher Bücher. Bei aller Gelehrsamkeit blieb er ein frommer Mönch; er starb an der Pest.

Sel. **Notker** (Physicus et Pictor) OSB, Mönch im Kloster St. Gallen, betätigte sich als Naturforscher und Maler, wurde als Arzt von vielen Fürsten seiner Zeit konsultiert. 975 starb er im Ruf der Heiligkeit.

Sel. **Offmya** von Münchwilen, Klosterfrau in Töss, 15. Jh.

Onuphrius Härber, Kapuzinerbruder, gestorben im Dienste der Pestkranken im Jahre 1635 in Luzern.

Hl. **Othmar,** entstammte einem alemannischen Geschlecht; in Rhätien erzogen, wurde er 719 der erste Abt von St. Gallen, gründete ein Spital für Aussätzige und vermutlich auch eine Schule sowie ein Tochterkloster in Kempten. Die Grafen Warin und Ruodhart, die es auf das Klostervermögen abgesehen hatten, nahmen Othmar gefangen und verbrachten ihn nach der Rheininsel Werd bei Stein am Rhein, wo Othmar nach einigen Jahren Verbannung am 16. November 759 starb. Zehn Jahre später holten die Mönche von St. Gallen die Gebeine ihres Abtes per Schiff ab und brachten sie nach St. Gallen. Seit 1849 werden seine Reliquien auf dem St. Othmaraltar im Dom zu St. Gallen aufbewahrt. Seine Verehrung war im Mittelalter in Deutschland sehr verbreitet.

Perfektus Ruosch, heiligmässiger Provinzial der Kapuziner, † 1704 in Wangen im Kanton Schwyz.

Sel. **Pertherata,** Klausnerin bei St. Gallen, 11. Jh.

Peter Martyr, Kapuziner, gestorben im Dienste der Pestkranken im Jahre 1611 in Wattwil.

Peter Tobias Jenni (1774—1844), von Morlon im Kanton Freiburg, 31 Jahre lang Bischof von Lausanne und Genf, Doktor der Theologie, ein Mann von hoher Spiritualität, Gründer des Priesterseminars, Erbauer von 47 neuen Kirchen. Bei seinem Begräbnis gab es nur ein Urteil: «Wir haben heute einen Heiligen begraben.»

Peter von Oron, Bischof von Sitten, beherbergte 1275 Papst Gregor X. und schloss mit dem Bischof von Chur und dem Abt von St. Gallen ein Schutz- und Trutzbündnis (eine Art Vorläufer zum Bund der Eidgenossen, der 16 Jahre später geschlossen wurde).

Sel. **Petrus Berno** von Ascona im Tessin trat in die Gesellschaft Jesu ein und missionierte in Indien. 1583 starb er mit mehreren Mitbrüdern in Salsetta bei Goa als Märtyrer. Leo XIII. sprach ihn 1893 selig.

Hl. **Petrus Kanisius** (1521—1597), Jesuit, Kirchenlehrer, wirkte seit 1580 in Fribourg, wo er im Auftrag von Papst Gregor XIII. ein Kolleg gründete. Sein dreifacher Katechismus wurde in alle Weltsprachen übersetzt und erlebte unzählige Auflagen. Obwohl ein grosser Organisator und einer der Führer der Gegenreformation, blieb er ein Mann grosser Innerlichkeit und Frömmigkeit. Er starb am 21. Dezember 1597 in Fribourg; sein Grab befindet sich in der Kollegiumskirche St. Michel. Fest: 27. April.

Hl. **Pirmin** OSB, Abt, gründete im Jahre 724 das Kloster Reichenau auf der gleichnamigen Insel im Untersee unterhalb Konstanz.

Hl. **Placidus,** aus rhätischem Geschlecht, gründete mit dem hl. Sigisbert das Kloster Disentis, wurde im Jahre 720 auf Befehl des Präses Viktor von Chur ermordet und als Martyrer verehrt. Sein Kult ist seit dem 10. Jahrhundert feststellbar. Der hl. Placidus ist der Patron des Bünder Oberlandes.

Hl. **Protasius,** Bischof von Lausanne im 7. Jahrhundert. Beim Holzfällen für den Bau einer Kirche erlitt er einen Unfall und wurde im nächsten Dorf begraben, das heute seinen Namen trägt (St. Prex).

Sel. **Rachildis,** Klausnerin bei St. Gallen, 10. Jh. Sie stammte aus dem Fricktal und war verwandt mit der hl. Wiborada und Ekkehard I. Im Jahre 920 wurde sie Inklusin in St. Gallen. Wie durch ein Wunder überlebte sie den Hunneneinfall in St. Gallen, dem Wiborada zum Opfer fiel. Rachildis verbrachte ihr Leben mit Wachen, Fasten, Beten und Almosen; sie starb 946 und wurde neben Wiborada beigesetzt und, wie Ekkehard bezeugt, durch viele Wunder verherrlicht.

Hl. **Ragnacharius** (Ragner) erster Bischof von Basel nach der Verlegung des Bischofssitzes von Augst nach Basel zu Beginn des 7. Jahrhunderts. Urkundlich gut belegt.

Hl. **Randoald,** Mönch und Bibliothekar im Kloster Moutier-Gruandval. Als er die Rechte des Klosters verteidigte, fiel er durch Mörderhand. Reliquien in der Stadtkirche Delsberg.

Sel. **Reginbald** OSB, Sohn des Grafen von Dillingen, Mönch im Kloster St. Gallen, Bischof von Speyer.

Sel. **Reginbert** aus dem Zürcher Adelsgeschlecht der von Sellenbüren (Seldenbüren), Vorfahre des Stifters der Abtei Engelberg. Reginbert selbst gründete das grosse Kloster St. Blasien im Schwarzwald und starb 962.

Sel. **Reginlinde** (Regulinda), Herzogin von Schwaben, Gemahlin von Herzog Burkhard I. von Schwaben († 926); ihr gehörte seit 928 die Abtei Zürich, wo sie Äbtissin wurde. Aussätzig geworden, zog sie sich um das Jahr 955 auf die Insel Ufenau im oberen Zürichsee zu ihrem Sohn, dem hl. Adalrich, zurück, wo sie am 19. August 958 starb. Dank ihrer grossen Schenkungen wurde sie im Kloster Einsiedeln beigesetzt. Fest: 8. August.

Hl. **Romanus,** erster Abt von Condat, westlich des Genfersees, gründete von dort aus im 5. Jahrhundert drei Klöster, darunter Romainmôtier (Romanskloster) bei Orbe im Kanton Waadt. Romainmôtier wurde 753 von Papst Stephan II. zu einer Abtei erhoben und von

Karl dem Grossen reich beschenkt. Romainmôtier war eine der grössten Abteien der Schweiz und zählte sieben Priorate. Der grosse Glaubensbote der Westschweiz starb kurz vor seinem Bruder und Begleiter, dem hl. Lupizinus, am 28. Februar 463/64.

Sel. **Rudolf II.**, König von Burgund, zu Peterlingen, 10. Jh.

Rudolf von Habsburg, dessen Stammburg bei Brugg in der Schweiz liegt und dessen Mutter von der Kyburg bei Winterthur stammte, zählte zu den grössten Männern seines Jahrhunderts; er war ein Mann von Tatkraft, hoher Intelligenz und tiefer Frömmigkeit. Sein Sommerschloss lag am Vierwaldstättersee bei Meggen. Dort geschah es, dass er einem Priester begegnete, der das Allerheiligste einem Sterbenden brachte und der Mühe hatte, einen angeschwollenen Bach zu überqueren. Graf Rudolf gab ihm sein Pferd, das er nicht mehr zurücknahm mit der Begründung: «Davor behüte mich Gott, dass ich das Pferd je wieder besteige, das meinen Herrn und Schöpfer getragen hat. Wollet ihr es nicht behalten, so schenkt es der Kirche; denn ich habe es demjenigen gegeben, von dem ich Seele und Leib, Ehre und Gut zu Lehen trage.» Furchtbar litt das Abendland in der kaiserlosen, schrecklichen Zeit, und der Erzbischof von Mainz gab den Kurfürsten den Rat: «Wählet den Grafen von Habsburg; er ist ein Held, bei Gott und den Menschen beliebt.» Bei der Kaiserkrönung in Aachen wollten ihm einige Fürsten nicht huldigen, weil das Zepter Karls des Grossen, auf das er hätte schwören sollen, verschollen war. Kaiser Rudolf von Habsburg nahm das Kreuz vom Altar, hob es in die Höhe und sprach: «Seht, hier ist das Zeichen, wodurch wir und die ganze Welt erlöst worden sind. Was soll uns hindern, dieses anstatt des Zepters zu gebrauchen?» Rudolf starb am 15. Juli 1291; sein Tod war das Signal für die Gründung der Eidgenossenschaft, die zwei Wochen später am 1. August 1291 durch den Schwur auf dem Rütli erfolgte. Mit Rudolf von Habsburg begann die grösste Monarchie Europas, die unter Karl V. ein Reich besass, in dem die Sonne nicht unterging und deren letzter Regent Kaiser Karl von Österreich war († 1922).

Hl. **Rudolph** (St. Ruf). Nach den alten Chroniken wurde im Jahre 1294 an der Marktgasse in Bern ein Knabe christlicher Eltern von Juden grausam ermordet, und zwar aus Hass gegen das Christentum. St. Ruf wurde im Mittelalter in Bern hoch verehrt.

Rufin Müller, geboren 1615 in Ehrendingen (Aargau), heiligmässiger Kapuziner, † 1701 in Luzern.

Sel. **Rupertus** OSB, Mönch im Kloster St. Gallen, 10. Jh.

Hl. **Salonius** (St. Salomon), zweiter Bischof von Genf um 450; Schüler des Mönchs von Lerin; er nahm an drei Synoden teil und schrieb Kommentare zur Bibel.

Hl. **Severin** war der Vorsteher einer Priestergemeinschaft am Grabe des hl. Mauritius vor der eigentlichen Klostergründung. Der hl. Severin heilte den Frankenkönig Chlodwig von schwerer Krankheit und wurde durch seine Wunder berühmt. † um 508.

Hl. **Sigisbert,** ein gebürtiger Franke, zog rheinaufwärts und gründete zusammen mit seinem Gönner und Gefährten, dem hl. Placidus, am Oberrhein das Kloster Disentis. Beide wurden auch dort bestattet und vom Volk hoch verehrt; ihr Kult wurde von der Kirche 1905 bestätigt. Fest am 11. Juli mit berühmter Reliquienprozession.

Hl. **Sigismund,** ab 516 König von Burgund, liess auf Betreiben seiner zweiten Frau den Sohn aus erster Ehe namens Sigrich im Jahre 522 erdrosseln und büsste dafür in der von ihm gegründeten Abtei St. Maurice im

Wallis. 523 wurde er vom Frankenkönig besiegt, in St. Maurice gefangen genommen und 524 nach Orléans verschleppt, wo er auf Befehl des Frankenkönigs Chlodomier beim Dorf Colomna oder Belsa samt Frau und Kindern in einem Brunnen ertränkt wurde. Seine Überreste ruhen in St. Maurice; ein Teil seiner Reliquien kam unter Karl IV. nach Prag, und so wurde Sigismund bald als einer der Patrone Böhmens hoch verehrt.

Simon Ruffieux, Kapuzinerbruder, gestorben im Dienste der Pestkranken im Jahre 1635 in Fribourg.

Thaddäus Stadler, Kapuzinerbruder, gestorben im Dienste der Pestkranken im Jahre 1635 in Luzern.

Theodosius Florentini OFMCap (1808—1865), geboren in Münster im Kanton Graubünden, grosser Sozialreformer und Ordensstifter, 1832 Guardian in Baden, 1845 Pfarrer in Chur, 1860 Generalvikar in Chur. Er ist der Gründer folgender Werke: 1844 Institut der Lehrschwestern von Menzingen, 1850 Kreuzspital Chur, 1852 Kongregation der Kreuzschwestern von Ingenbohl, 1856 Kolleg Maria Hilf in Schwyz, 1859 Buchdruckerei und Buchbinderei in Ingenbohl, 1863 Verein der Inländischen Mission. Der unermüdliche Mann Gottes wirkte ferner als Prediger, Erzieher und Volksschriftsteller. Er starb 1865 in Heiden; seine Gebeine wurden 1906 in Ingenbohl beigesetzt.

Hl. **Theodul** (St. Joder), erster Bischof von Martigny, Landespatron des Wallis, nahm an der Synode in Aquileia im Jahre 381 teil. Über den Reliquien der Märtyrer von Acaunum errichtete er die erste Kirche. Fest: 16. August.

Theodul Schlegel, Abt des Prämonstratenserstiftes St. Luzi in Chur, wo er 1529 als Blutzeuge für den katholischen Glauben starb.

Sel. **Tiethland,** Sohn eines Grafen aus dem Theintal, zweiter Abt von Einsiedeln. † 964.

Sel. **Tutilo,** geboren um 850, Mönch von St. Gallen, bekannter Musiker, Bildhauer, Künstler. † 27. 4 um 912.

Hl. **Ulrich** (890—973), entstammt dem Geschlecht der Grafen von Kyburg und von Dillingen, wurde in der Klosterschule St. Gallen erzogen und ausgebildet, wurde 923 Bischof von Augsburg; er ist wesentlich am Sieg gegen die anstürmenden Ungarn beteiligt. Er ist der erste Heilige, der durch eine feierliche Heiligsprechung kanonisiert wurde. Fest: 4. Juli.

Hl. **Ulrich,** Mönch von Cluny, Stifter des Cluniacenserklosters Rüeggisberg bei Thun. Später gründete er noch das Kloster Zell im Schwarzwald, wo er 1093 starb.

Sel. **Ulrich,** aus Schwaben, der mit der Erlaubnis des hl. Bruder Klaus im Möösli — gegenüber dem Ranft — als Einsiedler lebte. Seine Kapelle steht noch.

Sel. **Ulrich von Lenzburg** († 1355), wurde von Kaiser Ludwig 13 Monate lang gefangen gehalten, weil er dem Papst die Treue hielt. Ulrich war 24 Jahre lang Bischof von Chur.

Hl. **Urs** und **Viktor** († um 302), Mitglieder der thebäischen Legion, wurden in Solothurn von Kaiser Maximianus wegen ihres christlichen Glaubens enthauptet. Urs ruht in der nach ihm benannten Basilika in Solothurn, Viktor in der St. Viktorsbasilika in Genf. Fest: 30. September.

Hl. **Ursizin,** Einsiedler im Berner Jura, wo er Schüler um sich sammelte, aus deren Gemeinschaft später das Kloster St. Ursanne am Doubs entstand. Urkundlich sind dem Heiligen bereits 666 zwei Kirchen geweiht.

Hl. **Ursizin,** Abtbischof von Disentis. Um 750 ordnete er die dortige Mönchssiedlung und stellte sie unter die Regel des **hl. Benedikt.**

Hl. **Valentinian,** Bischof von Chur, der in der von ihm erbauten Luciuskrypta zu St. Luzi beigesetzt wurde. † 548.

Hl. **Verena** († 344). Nach dem Martyrium der thebäischen Legion, mit der sie nach Mailand und Martigny gekommen war, lebte sie zuerst in der «Verena-Schlucht» in Solothurn, dann auf der Rheininsel bei Koblenz und schliesslich in der Stadt Zurzach, wo sie Arme und Aussätzige pflegte und zur Ausbreitung des Christentums beitrug. Kaiser Karl der Dicke liess über ihrem Grab eine Kirche erbauen. Fest: 1. September.

Hl. **Viktor,** Priester, starb um 887 den Martertod in Tomils in Graubünden. Seine Reliquien ruhen im Dominikanerinnenkloster Cazis, das heute noch existiert.

Sel. **Viktor** aus Rhätien, Mönch und Einsiedler in St. Gallen, 10. Jh.

Hl. **Wiborada,** geboren wahrscheinlich auf Schloss Klingen, lebte 912 als Einsiedlerin in St. Georgen bei St. Gallen, seit 916 als Reklusin bei der Kirche St. Mangen in St. Gallen. Sie hatte Schülerinnen um sich und hatte die Gabe der Prophetie. Sie prophezeite z. B. dem unschlüssigen Ulrich seine Wahl zum Bischof. Als die Hunnen St. Gallen erstürmten, wurde sie von ihnen am Haupt getroffen, und sie starb am folgenden Tag, am 2. Mai 926. Wiborada ist die Patronin der Bücherfreunde.

Sel. **Wilhelm,** Bischof von Lausanne, 13. Jh.

Sel. **Wilhelm,** Chorherr an der Stiftskirche in Neuenburg. † um 1234.

Wilhelm Meyer (1870—1912), geboren in Schötz im Kanton Luzern, Regens und Gründer der St. Anna-Schwestern in Luzern, die heute ein grosses Spital betreuen. Erzbischof Netzhammer hat über diesen tieffrommen Priester, Organisator und Förderer der Katholikentage eine ausführliche Biographie verfasst.

Sel. **Witschard Tavelli** (1342—1374), Sohn des Bürgermeisters von Genf, war 33 Jahre lang in schwerer Zeit (Pest, Zeit der Geissler) Bischof von Sitten. Er ruht im Dom zu Sitten und wird vom Volk als Heiliger verehrt.

Hl. **Wolfgang** (924—994), besuchte die Klosterschule auf der Insel Reichenau und wirkte seit 965 als Mönch und Lehrer an der Klosterschule in Einsiedeln. Seit 972 Bischof von Regensburg.

Sel. **Wolfried,** erster Abt des Klosters auf dem Hohentwiel. Der hl. Kaiser Heinrich II. verlegte 1007 das Kloster in das nahegelegene Stein am Rhein. Die Reliquien des Seligen wurden ebenfalls in das Kloster St. Georgen in Stein am Rhein übertragen und im Mittelalter hoch verehrt.

Sel. **Wolo,** Sohn des Grafen von Kyburg, Mönch in St. Gallen, 10. Jh.

Nachtrag:

Johann von Roll (1573—1643), Schulthess von Solothurn, stiftete 1639 die Kirche «Zu Kreuzen» ob der St. Verena-Schlucht.

Johannes Evangelist Kleiser (1845—1919), aus Schollach im Schwarzwald, grosser Initiator des katholischen Presse-Apostolates, gründete 1898 das Kanisiuswerk samt eigener Druckerei in Fribourg.

Johannes Hegi (1810—1897) von Pfaffnau, Mitglied der Eremitenkongregation von Luthern, 40 Jahre Einsiedler zu St. Verena nördlich von Solothurn.

Joseph Schorderet (1840—1893), geboren in Bulle, aufgewachsen in Posieux (FR), Chorherr, gründete 1871 die katholische Zeitung «La Liberté» und 1873 das Pauluswerk mit eigener Druckerei. Von ihm stammt der Ausspruch: «Die Presse ist ein Katheder.»

Lutgarde Menétrey (1845—1919), Patenkind von Margrit Bays, wirkte seit 1883 als vorbildliche Äbtissin im Zisterzinserinnenkloster Fille-Dieu in der Nähe von Romont.

Prinz **Max zu Sachsen** (1870—1951) wirkte seit 1898 in franziskanischer Einfachheit als Priester und Professor in Fribourg. Beigesetzt auf dem Friedhof der Kanisiusschwestern in Bourguillon, dem bekannten Wallfahrtsort östlich von Fribourg.

Gebete

Der Gerechte hat immer Gegner, und die Gerechtigkeit feiert keine Siege ohne Kampf. In der Stunde der Trübsal, wenn der Geist von Versuchungen, Angriffen, Verstimmungen umlagert und umdüstert wird, da lasst uns die Waffen der Demut ergreifen und zum Schilde des Gebetes unsere Zuflucht nehmen. Ihr wisst, dass das demütige Gebet alles Unglück ab- und alles Glück zuwendet und dass man desselben bedarf, als wäre es ein Edelstein in einem goldenen Zauberring, alles, was man wünscht, erhalten kann. Wer demütig bittet, sucht und anklopft, erhält die Gnade zu guten Werken, hohe Entzückungen im beschaulichen und die himmlische Seligkeit im ewigen Leben. Das demütige Gebet tilgt die Sünde, erwirkt das Beste, erreicht das Höchste. Das demütige Gebet verbrüdert den Menschen mit dem Menschen, befreundet ihn mit den Engeln und erhebt ihn in die Nähe Gottes.

Hl. Amadeus von Pasta
Bischof von Lausanne, † 1159

Das Leben

Leben ist nicht die Kerze und nicht der Docht, sondern das Brennen.

P. Ildefons Betschart OSB

O, habt nur Geduld! Es geht alles vorbei, nur die Ewigkeit nicht.

Bruder Meinrad Eugster OSB, Einsiedeln

O userwelte Eidgnosschaft

O userwelte Eidgnosschaft,
hab Gott vor Augen Tag und Nacht;
er het üch gän ein fryes Land,
in dem ihr alle Notdurft hand.

Das Land ist wol beschlossen in,
denn Gott ist selbst der Murer g'sin.
Ir sind ein kreftig Fürstentumb,
hend druf wol acht und dankt Gott drumb.

Und alles, das ir handlen wend,
im Anfang, Mittel und im End,
so folgend Gott in sinem Wort,
so wird's üch g'lingen hie und dort.

Sind g'rüst zum Strit, wann kommt die Zyt
und fürchtend tusend Tüfel nüt;
bruchend nur üwer Schwert mit Muot,
so Gott will, wird dann s'End schon guot.

Text: Berner fliegendes Blatt, 16. Jh.
Melodie: René Matthes, Cron-Verlag, Luzern

Gebet für die Heimat

Allmächtiger Gott, du hast uns ein herrliches Vaterland gegeben und es bisher immerfort behütet; gib ihm auch weiterhin deinen Segen! Segne unsere geistlichen und weltlichen Behörden, unsere Schulen und unsere Armee; segne die Landwirtschaft, das Handwerk, die Industrie, den Handel und den Verkehr! Lass uns ohne Unterbruch den wahren Frieden geniessen, der ohne dich nicht bestehen kann! Durch die Eintracht aller Bürger erhalte die Heimat frei und stark; hilf uns, unentwegt an deinen heiligen Geboten festhalten und so

der Heimat Glück und Wohlstand fördern! Du, unser guter Herr und treuer Gott, befreie die Heimat von allem Übel und behüte sie vor jeder Gefahr! Wir bitten dich darum durch Christus, deinen Sohn, unsern Erlöser, der seine irdische Heimat so sehr liebte, dass er in Voraussicht der ihr drohenden Prüfungen Tränen vergoss.
Heilige Jungfrau und Gottesmutter Maria, der unsere Vorfahren auf den Höhen und in den Tälern so manches Heiligtum erbaut haben; ihr, heilige Engel Gottes, die ihr über Stadt und Land der Heimat schützend wacht; ihr, heilige Männer und Frauen, die ihr aus dem Volke unserer Heimat hervorgegangen seid oder innerhalb der Gemarkungen unserer Heimat euch geheiligt habt, insbesondere du, heiliger Bruder Klaus, der du unserem Vaterlande so vorbildlich gedient hast; ihr, Heilige alle, betet für uns und mit uns! Stehet uns durch eure Fürbitte bei, damit wir durch wahrhaft christliches Leben und durch unwandelbare Treue dem Vaterlande allezeit Schutz und Wehr seien! Amen.

Marius Besson, 1876—1945,
Bischof von Lausanne, Genf und Freiburg

Von Kindheit an habe ich gelernt, Gott mehr zu fürchten als die Menschen. Auch jetzt will ich, um etwaigen Leiden und Drangsalen auszuweichen, keineswegs Verräter an meiner Pflicht werden, Untreue an meiner Kirche begehen, Ärgernis bieten meinen Diözesanen und den Katholiken der ganzen Schweiz, die Schmach eines pflichtvergessenen Hirten auf mich ladend. Nein, lieber den Tod, als die Schande. Potius mori quam foedari.

Eugène Lachat, 1819—1886, Bischof von Basel

In den Sternen steht's geschrieben:
Du sollst glauben, hoffen, lieben!

P. Maurus Carnot OSB

Wir denken nicht oft genug an die Güte Gottes gegen uns. Wir scheinen zu ignorieren, dass Er uns liebt. Sie wissen doch, dass Er seine Gnaden nicht begrenzt ... Er rechnet nicht, er gibt alles. Unsere Kraft in Gott ist unendlich grösser als unsere Schwäche. Wir sind viel reicher in Gott als arm in uns selbst.

Schwester Maria Salesia Chappuis (1793—1875)

Dass Du alle gerechte Treue gegen Dich und gegen die von Dir verordneten Obern in uns festigen wollest,
Dass Du allen Obern die Rechte der heiligen Lehre und des guten Beispiels verleihen wollest,
Dass Du allen Leidenden christliche, unerschrockene Geduld und Sanftmut verleihen wollest,
Dass Du alle Anschläge und Grundsätze des Teufels und seiner Diener vernichten wollest,
Dass Du die Rettung Deiner Ehre und des Heiles so vieler tausend Seelen beschleunigen wollest,
wir bitten Dich, erhöre uns.

Aus der Litanei
des Nikolaus Wolf von Rippertschwand

Lass mich Monstranz für Dich sein!

Dein Wille geschehe!
Vater, Dein Wille geschehe!

Lass mich Deinen Willen aus ganzer Seele lieben; denn Du bist die Liebe selbst. Gib, dass mein Wollen in allem nur noch ein Ziel kenne: Deinen heiligsten Willen zu erfüllen und dadurch auch Liebe zu sein.

Hilf, dass ich alles, was an mich herantritt, auch die Kleinigkeiten des täglichen Lebens, als Deine göttliche Fügung ansehe. Mache die Menschen, Dinge und Ereignisse durchsichtig für mich, auf dass ich durch sie hindurch Dich und Deine unendliche Liebe erkenne, auch wenn ich Deine Absichten nicht zu erfassen vermag. Deine Liebe umflutet mich in den Dingen, Menschen und Ereignissen.
Festige in mir insbesondere auch das Bewusstsein, dass ich nichts aus mir, aber alles in Dir vermag, der Du meine Kraft und meine Stärke bist.
Unterstütze mich in meinem Streben, jede Unruhe und Frage hinsichtlich Vergangenheit, Gegenwart und Zukunft aus meiner Seele zu verbannen und alles in Deine Hand zu legen in blindem Vertrauen auf Deine Liebe und auf die Lenkung der Dinge durch Dich.
Sendest Du mir Freude, dann lass mich Deinen heiligsten Willen preisen, der sie mir in übergrosser Liebe schenkt. Freude soll mich zu Dir führen und zugleich die Grenzen des Irdischen und Deine Grenzenlosigkeit in Erinnerung bringen.
Auferlegst Du mir Unangenehmes und Schmerzendes, so hilf mir, dass ich erst recht aus ganzer Seele spreche: Dein Wille geschehe! Lass mich erfassen, dass das, was meiner menschlichen Natur schwer und drükkend erscheint, in ganz besonderem Mass Ruf Deiner Liebe ist, die meine Liebe sehen will, die mich frägt: Liebst du mich? — und zugleich Ansetzen des Meissels durch Deine Hand, auf dass meine Gottebenbildlichkeit vollkommener werde. Ein Akt der Liebe und des Dankes soll daher mit zu meiner Antwort gehören. — Gib, dass vor allem auch die kleinen Widerwärtigkeiten des Alltags für mich zu einer Schule werden, in der ich durch Deine Gnade lerne, meinen Willen ganz mit dem Deinigen zu vereinen.
Steh mir bei, dass ich mich nicht von der Eigenliebe blenden lasse, wenn es darum geht, zu erkennen, was

Du willst, dass ich tue. Und gib mir die Kraft, dass ich treu und ohne Aufschub ausführe, was ich als Deinen Willen erkannt habe. Öffne mein Auge für die Grösse der Gnade, die darin liegt, dass ich, wenn ich Deinen Willen tue oder erleide, Dein Werkzeug bin, durch das Du die göttliche Liebe in die Welt hineinträgst. Und lass mich immer klarer erkennen, dass, wenn ich Werkzeug Deines Willens bin, ich zugleich auch Gefäss Deiner Herrlichkeit sein darf, das Du, o heiligste Dreifaltigkeit, mit Deinem göttlichen Leben erfüllst. Lass mich Monstranz für Dich sein!
Gott, mache, dass ich nur noch will, was Du willst. Kreuzige meinen eigenen Willen und lass ihn sterben, auf dass nicht mehr ich lebe, sondern Du lebst in mir, durch Christus unsern Herrn. Amen.

Dr. Paul Widmer (1897—1944)
Kriminalgerichtspräsident von Luzern,
Gottsucher und Laienapostel

Ode an Gott

Appenzeller Landsgemeindelied

Alles Leben strömt aus Dir
und durchwallt in tausend Bächen.
Alle Welten, alle sprechen:
Deiner Hände Werk sind wir.

Dass ich fühle, dass ich bin,
dass ich Dich, du Grosser kenne,
dass ich froh dich Vater nenne:
O ich sinke vor Dir hin.

Karoline Rudolphi (1754—1811)
Johann Heinrich Tobler

Herr, unser Gott, wir danken Dir für das Land,
das du uns zu Lehen gegeben, das Land der vier Ströme,
das Land am Gotthard — von Schnee und Granit —
im Herzen Europas — zwischen Rhone und Rhein.
Ihr Berge und Täler, ihr Bäche und Seen,
lobet den Herrn!

Herr, gar schön hast Du unser Land geschmückt
mit Flechten und Moosen, mit Hecken und Matten,
mit Alpenrosen und Enzian, mit Birken und Tannen,
mit blühenden Wiesen und reifendem Korn.
Ihr Blumen und Kräuter, ihr Bäume und Sträucher,
lobet den Herrn!

Im Bach glänzt die Forelle, am Ufer brütet der Schwan.
Die Grille zirpt, die Herden ruhen im Schatten.
Am Waldrand äst das Reh, Eichhörnchen nähern sich scheu.
Der Adler kreist, das Murmeltier pfeift.
Ihr Tiere der Erde, ihr Vögel des Himmels,
preiset den Herrn!

Herr, unsere Väter haben einen Bund mit Dir geschlossen,
in Deinem Namen begonnen, Deiner Treue sich verschworen.
Gib uns die Kraft, den Eid zu halten, den Menschen,
den Völkern Dein Wort, Deinen Frieden zu bringen.
Du Volk vom Rütli, ihr Eidgenossen,
schwöret dem Herrn!

Wir lieben unsere Heimat, denn auch Jesus hat sein Land
geliebt und bei seinem Anblick Tränen vergossen.
Gib, dass wir Dich über alles lieben und lass uns
im irdischen Vaterland nie das himmlische vergessen.
Du Volk vom Gotthard, ihr Eidgenossen,
suchet den Herrn!

Arnold Guillet

Schweizer Psalm

Trittst im Morgenrot daher,
Seh' ich Dich im Strahlenmeer,
Dich, Du hocherhabener, Herrlicher!
Wenn der Alpenfirn sich rötet,
betet freie Schweizer betet!
Eure fromme Seele ahnt
Gott im hehren Vaterland!

Kommst im Alpenglühn daher,
find' ich Dich im Sternenheer,
Dich, Du Menschenfreundlicher, Liebender!
In des Himmels lichten Räumen
kann ich froh und selig träumen!
Denn die fromme Seele ahnt
Gott im hehren **Vaterland!**

Fährst im wilden Sturm daher,
bist Du selbst uns Hort und Wehr,
Du allmächtig Waltender, Rettender!
In Gewitternacht und Grauen
lasst uns kindlich ihm vertrauen!
Ja, die fromme Seele ahnt
Gott im hehren Vaterland!

P. Alberich Zwyssig OSB

Ganzhingabe

Mein Herr und mein Gott, nimm alles von mir,
was mich hindert zu Dir.

Mein Herr und mein Gott, gib alles mir,
was mich fördert zu Dir.

Mein Herr und mein Gott, nimm mich mir
und gib mich ganz zu eigen Dir!

Hl. Niklaus von Flüe (1487)

DAS GROSSE GEBET

DER DREI SCHWEIZERISCHEN URCANTONE.

Zum funfzigjährigen Amtsjubiläum

des Herrn Professors D. Karl F. A. NOBBE

Rectors zu St. Nicolai in Leipzig

(20. October 1864)

aus einer alten Pergamenthandschrift in seiner Urgestalt

herausgegeben

von

einem dankbaren Nicolaitaner

Professor **Delitzsch** in Erlangen.

LEIPZIG.

DÖRFFLING und FRANCKE.

1864.

AN PROFESSOR D. KARL F. A. NOBBE,
RECTOR ZU ST. NICOLAI IN LEIPZIG.

Ich fürchte nicht eines Missgriffs geziehen zu werden, wenn ich vor Ihnen, dem Meister der klassischen Philologie, ein liturgisches Pergament des sechzehnten Jahrhunderts entfalte, denn Sie sind ja ein Nachkomme LUTHERS, mit Recht stolz darauf, dies vor aller Welt familienurkundlich dargethan zu haben; Sie verbinden mit diesem Adel Ihrer Abkunft den Adel christgläubiger Gesinnung, welche Sie durch Begründung einer Lutherstiftung thatsächlich zu bekennen sich beeifert haben, und als ein echter geistlicher Sohn Luthers lieben Sie in und mit der reformatorischen Kirche zugleich die altkatholischen Fundamente, auf denen sie nach weggeräumtem Schutte sich auferbaut hat.

Obschon also das alte Pergament, welches ich vor Ihnen aufschlage, weder der deutschen noch auch der schweizerischen Reformation seine Entstehung verdankt, so nimmt es doch Ihr Interesse schon dadurch in Anspruch, dass es einen über die Reformationszeit hinweg bis in die Tiefe des Mittelalters zurückreichenden Inhalt hat. Es könnte freilich trotz dem von nur sehr geringem Werthe sein, aber würde ichs dann wagen, es Ihnen an Ihrem Fest- und Ehrentage zu widmen? — Nein, das Pergament, das vor mir liegt, enthält ein merkwürdiges umfängliches Gebet, welches das Palladium der drei schweizerischen Urcantone heissen darf. Es enthält dieses Gebet in seiner Urgestalt, in welcher es kaum noch einmal irgendwo in der Schweiz zu finden und nie bisher veröffentlicht worden ist. In allen Landesnöthen, und also auch in den Zeiten der Kämpfe mit Oesterreich und Burgund, haben die drei Länder Schwyz, Uri und Unterwalden zu diesem Gebete ihre Zuflucht genommen. Die grossen Siege, durch welche sie das »Anrennen fremder Herrschaft« abwehrten, sind mit diesem Gebete verflochten. Wenn Tell, wenn Winkelried historische Personen sind, so müssen sie dieses Gebet gekannt und mitgebetet haben, welches von Alters her »für eine jegliche nothwendige Sach der Christenheit« in den drei Waldstätten gebetet ward und »damit sie Gott der Herr niemahlen verlassen hat«.

So sagt eine kurze Einleitung dieses Gebets in der Druckausgabe von 1777. Diese ist betitelt: »Gottseelige und heylsamme Uebung des Gebetts, So man das Grosse Gebett heisset; Begreiffend erinnerlich die fürnehmste Geheimnuss der Erschaff- und unser Erlösung. Von den drey Alt-Catholischen

Orthen in allen Nothfällen erspriesslich, von Alters hero gebraucht, jetzt aber zu bequemlicher Kommlichkeit in Druck gegeben, etc. (Zu finden in Schweitz, bei Buchbinder Phil. Rud. Antoni Niderist).« Es scheint der erste, wenigstens der erste Schwytzer Druck zu sein.

...

Doch ehe ich auf das Innere des alten Pergaments näher eingehe, gestatten Sie mir, hochverehrter Jubilar, dessen Fundort zu beschreiben. Sie kennen aus eigner Anschauung das so überaus malerisch am Vierwaldstätter See gelegene Brunnen. Nach Westen hin überschaut man da denjenigen Theil des Vierwaldstätter See's, welcher der Buochser See heisst, in seiner ganzen Länge, und in den Urner See, den grossen südöstlichsten Arm des Vierwaldstätter See's, schaut man bis zu der unterhalb des Axenbergs, über welchen der Weg von Schwyz nach Uri führt, gelegenen Tellscapelle hinab; Seelisberg mit dem in den Urner See sich hineinstreckenden Rütli, wo 1307 die schweizerische Freiheit beschworen und 1674 und 1713 dieser Schwur erneuert wurde, hat man in südlicher Richtung sich schräg gegenüber. Brunnen selbst, welches nebst einigen andern Ortschaften zur Gemeinde Ingenbohl gehört, ist in der Schweizergeschichte klassischer Boden. Auf der zu Ingenbohl gehörigen Allmeind Härti sollen die gegen Leopold von Oesterreich ausziehenden Urner, Unterwaldner und Schwyzer kniefällig gebetet und sich der Fürbitte des h. Kirchenpatrons Leonard befohlen haben — eine Scene, welche ein Holzgemälde der alten Kirche von Ingenbohl abbildet — und in Brunnen beschworen die drei Urcantone nach der damaligen siegreichen Schlacht am Morgarten 1315 den ersten ewigen Bund.

Unvergesslich werden mir die schönen Tage bleiben, die ich während des diesjährigen Spätsommers hier in Brunnen verlebte, nicht allein wegen der herrlichen Naturwelt, die mich da umgab, und der grossen geschichtlichen Erinnerungen, welche sie überall, wohin Fuss und Auge schweiften, wach rief, und nicht allein wegen der traulichen Gastlichkeit des Hauses auf dem Gütsch [1], welches mich mit den Meinigen und dem dort von der Nachricht seiner Berufung nach Jena überraschten Freunde beherbergte, sondern auch wegen der Menschen und Kunstschätze und Alterthümer, die ich von dort aus kennen lernte. Mein freundlicher Wirth, Hauptmann Aufdermaur, machte mich mit dem Hauptmann Karl Dominik von HETTLINGEN in Schwyz bekannt, dem Nachkommen des grossen Medailleurs (gest. 1771), dessen Werke Christ. v. Mechel in seinem *Recueil des Medailles du Chevalier Hedlinger* (Basel 1776—1778 Fol.) beschrieben hat, und mehrmals und gern legte ich seitdem die

Wegstunde von Brunnen nach dem am Fusse der zwei Mythen (das ist: mitragestaltigen Bergkegel) gelegenen Schwyz zurück, um mich an den dort in den Hettlinger Häusern aufgespeicherten Sammlungen kostbarer Medaillen, Münzen, Autographen, Handzeichnungen, Gemälde, Handschriften und Bücher zu ergötzen, reichlich belohnt schon durch den Anblick eines Oelgemäldes, welches der berühmte Künstler in Rom erworben und womit er den Hausaltar seines Wohnzimmers geschmückt hat — der Leichnam Christi im Grabe, der wenn man davor steht widerlich verkürzt erscheint, wenn man aber zur Seite und ferner tritt, sich streckt und zu idealischer Schönheit verklärt, einer Familientradition zufolge ein Werk Annibal Carracci's. Durch Herrn v. Hettlingen erfuhr ich, dass in Brunnen selbst, nur einige Schritte weit vom Gütsch, ein fleissiger Antiquitätensammler wohne, nämlich der frühere Posthalter Felix Donat KYD. Wie freue ich mich, diesen nun 71jährigen Biedermann kennen gelernt zu haben, dessen ganzes Tichten und Trachten in Erforschung der Geschichte seines Vaterlandes aufgeht; der Alles was er, der Verwittwete und ganz allein Stehende, sich durch Sprachunterricht erwirbt, der Sammlung und Herstellung historischer Urkunden und Bilder opfert; der in diesem Streben so uneigennützig ist, dass er seine Geschichte der Kirche St. Leonhard in Ingenbohl, einen handschriftlichen Folioband mit einer Menge sorgfältig und geschmackvoll ausgeführter bunter historischer Bilder, dem Regierungsarchiv des Bezirkes Schwyz geschenkt hat, und der noch immerfort, obgleich von keiner Seite aufgemuntert und über das künftige Geschick des von ihm mühsam Zusammengebrachten ungewiss, sein Stamm- und Familienbuch aller Geschlechter von Ingenbohl und andere Arbeiten rastlos fortsetzt und zu diesem Zweck fast tagtäglich einen Zeichner in seiner Wohnung beschäftigt. Es mag ihm wenig genützt haben, dass er 1860 in einer schönen kleinen Schrift die Rundsicht von den beiden Anhöhen Brunnens, dem Gütsch und Bühl, durch Zeichnung, Geschichten und Sagen erläuterte, viel dagegen geschadet, dass er 1861 in einer zu ungestümen »Erwiederung« die Ehre Rudolf und Werner Stauffachers gegen Archivar Schneller in Luzern vertheidigte — möchte doch wenigstens den Abend dieses in edelster Lieblingsneigung sich verzehrenden Lebens ein Sonnenblick dankbarer Anerkennung erheitern! Wie so verschiedenartig Merkwürdiges ich dort in Schwyz bei Herrn v. Hettlingen und hier in Brunnen bei Herrn Kyd vorfand, können Sie, mein verehrtester Lehrer, daraus entnehmen, dass ich dort eine griechische Handschrift, ein von der Familie aufbewahrtes Geschenk des Thessaliers Anthimos Gazi, sah, welche eine Anweisung zum liturgischen Gesang mit Zurückgang auf die altgriechische Musik enthält, und hier eine hebräische Esther-Rolle, das Geschenk eines aus Palästina zurückgekehrten Freundes.

Hier bei Herrn Kyd lernte ich auch das »Grosse Gebet« kennen. Die handschriftliche Religionsgeschichte des Cantons Schwyz von dem ehemaligen Schwyzer Pfarrer und bischöflichen Commissarius Thomas FASSBIND (gest. 1822), deren Autograph das Stift Maria Einsiedeln besitzt — seine »Geschichte« des Cantons Schwyz ist 1832 ff. (Schwyz, 5 Bdd.) erschienen — sagt ausdrücklich, das älteste »Grosse Gebet«, auf Pergament geschrieben, besitze die Gemeinde Morschach. Eben diese Pergamenthandschrift fand ich bei Herrn Kyd, sorgsam in einem dafür angefertigten Pappkästchen verwahrt, dessen Deckel die anziehende Aufschrift hatte: »Das grosse Gebet — Beweis, wie das Volk ehedem betend in den nothwendigsten Kenntnissen der christlichen Geschichte unterrichtet wurde.«

Morschach (Morsach) liegt eine Stunde südöstlich von Brunnen auf einer Terrasse des Frohnalpstockes; von Seelisberg hat man das liebliche, von Rothtannenwäldern umkränzte Dörfchen mit dem rechts davon aufsteigenden Gipfel der Frohnalp jenseit des See's sich gegenüber. Hier im Sacristeischrank der Pfarrkirche lag das alte Pergament lange unbenutzt. Die lateinische Notiz auf der Rückseite des letzten Blattes, welche theilweise verwischt ist, aber mit Hydrosulphurat befeuchtet vollkommen lesbar wurde, besagt Folgendes: *hanc orationem sex antecessores ab anno circiter MDCLXXII non amplius populo praelegebant, anno vero MDCCXVII paschali tempore hanc repetii, L. AB. par. loci.* Dieser *parochus loci,* der das vergessene alte Gebet im Jahre 1717 wieder hervorholte und der sich mit L. AB. (letzteres monogrammatisch verschlungen) bezeichnet, ist kein Anderer als eben jener Pfarrer Bründler, welcher in das Kirchenurbar [2] von Morsach eine Geschichte Tells aus einer Handschrift eingetragen hat, die ihm der Landeszeugherr Püntiner, der Renovator der Tellscapelle, im Jahre 1719 mitgetheilt hatte. Für die jetzt lebende Generation war das alte Kleinod werthlos geworden. Herr Kyd erhielt es am 14. Juli 1862 von Pfarrer und Gemeinderath als Gegengabe für eine auf Leinwand gezogene lackirte Wandkarte der Schweiz, welche er der Schule von Morschach verehrte.

Man liest hinten auf der drittletzten Seite: *vf Morsach* und auf der vorletzten unten: *Das gros gebät ist d kilchen* [3] *vf morsach* und etwas darüber: *Dass Buch gehörtt gmeinen Kilchgnossen vff Morsach,* und auf der letzten oben: *Jacob wendeli wonhafft vff Morsach Anno domini 1576 hatts der Kilchen vererett.* Die Gemeinde war also früher stolz auf den Besitz dieses

Buches, indem sie sich beeiferte, ihm immer und immer wieder das Siegel ihres Eigenthumsrechts aufzudrücken. Und wie hätte sie auch nicht stolz sein sollen, da Jacob Wendeli, der Schullehrer von Ingenbohl, durch den dieses Buch an sie gelangt war, es von einem seiner lautern Frömmigkeit wegen allgemein geehrten Manne, Ulrich WITWYLER aus Rorschach, damals Dekan und Pfarrer von Einsiedeln, später (1585—1600) dortigem Abte, empfangen hatte. Er hat das Grosse Gebet, sowie es hier in der aus 21 Quartblättern bestehenden Handschrift vorliegt, aufschreiben lassen; hinter dem *Amen* auf Fol. 18a ist die Zeit der Vollendung angegeben: *1575. 12. Decembris,* und auf der Rückseite hat Witwyler mit eigner Hand folgende Dedication hineingeschrieben, welche uns einen wohlthuenden Einblick in das Innere dieses würdigen Benediktiners *(B)* gewährt: *B. Ulrich Witwyler, Dechan und Pfarher*[4] *zu Einsydlen, begert von euch Christenliche Kirchgnossen vff Morsach, ir wellend vmb gottes vnd vmb siner seel heil willen siner ouch in dissem grossen vnd krefftigen gebett truwlich gegen Gott ingedenck sin, darmit er nach dem willen Gottes sin leben volfüre vnd endelich ouch möge selig werden. Er wil ouch hargegen ewrer sunderlich in ämpter der heiligen Mess nimer vergessen. Dessi zu einem wortzeichen*[5] *hat er disses buchlin der kirchen uff Morsach verordnet. Er gloubt ouch vestigklich vnd erkent offentlich, dass disses gross gebett on frucht vnd nutz nimmer mer werde abgon. Wellends derhalben flissigklich im rechten waren glouben vnd hitziger liebe gegen Gott on verdruss betten.*

Wie es kam, dass Witwyler das Büchlein durch Wendeli von Ingenbohl aus nach Morschach gelangen liess, lässt vermuthungsweise eine von Hrn. Kyd aus dem ältesten Urbar von Ingenbohl, welches bis 1440 zurückreicht, ausgeschriebene Notiz zum J. 1568 erschliessen: *Item Herr Ulrich Witwiler von Rorschach Conventual vnd Pfarher hero zit dess gotzhuss zu Einsydlen hat ouch geben 1 dickenpfänig in die lobl. vnd erlich Bruderschafft S. Leonharti vf Ingenbohl.* Witwyler pflog also freundliche Beziehungen zu Ingenbohl, damals noch (bis 1618) einem Filial von Schwyz, und bedachte von da aus durch Wendeli das früher nach Schwyz eingepfarrte, aber seit 1502 zum selbstständigen Pfarrdorf gewordene Morschach mit dem jetzt in unsern Händen befindlichen Geschenke.

Indess ist es nun Zeit, zu treuer Wiedergabe des Inhaltes der Handschrift zu schreiten. Nur noch drei Bemerkungen schicken wir voraus. Das Pergament ist stark und hat grossen Strapazen widerstanden, denn es hat nicht nur Schweiss und wohl auch Thränen, sondern auch Wasser und Blut getrunken. Der Schriftcharakter ist feste zierliche deutsche Currentschrift, welche (was der folgende Abdruck nicht wiederzugeben gestattet) fast ausnahmslos consequent sylbenbeginnendes s und sylbenschliessendes s unterscheidet. Der Sprachdialekt ist alemannisch und unterscheidet sich, wie die Zeit der Handschrift erwarten lässt, nicht wesentlich von der Sprachform der Schriften Zwingli's und Egidius Tschudi's, was wir ausdrücklich hervorheben, um nicht missverstanden zu werden, wenn wir in den Anmerkungen hie und da auf ältere Schriften verweisen.

Anmerkungen:

1 *Gütsch* bedeutet einen rundlichen Gipfel oder Hügel, s. Stalder, Schweizerisches Idiotikon I, 504.

2 *urbar (urbor)* bedeutet Ertrag und ertragsamen Grundbesitz, dann auch (für *urbarbuoch)* das Buch, worin Grundbesitz, Stiftungen, Stifter einer Kirche oder Kapelle, eines Dorfes oder Bezirkes verzeichnet sind.

3 *kilche* für *kirche* ist alemannisch, s. Weinhold, Alemannische Grammatik §.194.

4 Eine nicht viel spätere Hand hat dies ausgestrichen und *aptt des gotzhuss* darüber geschrieben.

5 s. Ziemann, Mittelhochdeutsches Wörterbuch S. 664.

Die folgenden Anmerkungen beziehen sich auf die Seiten 198 bis 201. Aus platztechnischen Gründen werden sie vorweggenommen.

1 *verhan* d.i. geschlossen halten; der Druck 1777 hat *»behan«* d.i. behaupten.

2 Die Kirche von Saxlen (Sachslen) bewahrt das Skelet des sel. Bruders Claus, s. über ihn Herzogs Real-Encyclopädie 4,432.

3 Wir verweisen beispielsweise auf §.2.47.115., auch 93.117 — eine besondere Aufgabe, auf die wir hier verzichten, wäre die theologische Erläuterung, wie sie Mone in seiner Sammlung der mittelalterlichen Hymnen versucht hat.

4 Ein Aloys Weber war Landammann und Pannerherr zur Zeit des französischen Krieges, in welchem der Canton Schwyz, das »gefreite Land«, seine Selbstständigkeit verlor, s. Zschocke's (in Ebnat geschriebene) Geschichte vom Kampf und Untergang der schweizerischen Berg- und Waldcantone.

HERNACH UOLGET DAS GROSS GEBETT.

1* *Lieben kinden knüwend nider vnd bättend drü Vatter vnser, vnd drü Aue Marien, vnd ein Glauben, mitt vsgestreckten armen, Gott dem Vatter, vnd dem sun, vnd dem helgen geist, das vns Gott hälf solches anzefahen vnd zu folbringen imme zelob ehr vnd danck, vnd dass alles hymlisch heer dardurch geehrett wärd, demnach wyr vnd alle kristglaubige menschen gesterckt vnd gebesserrett, auch alle christglaubig seelen welche nach in pin vnd straf des grusamen vnd erschrockenlichen fäggfürs sind, erlöst wärdind.*

2 *Ein pater noster zu lob vnd ehr deren wysheitt in welcher Gott was do er alle ding erschaffen hatt, dass vns Gott auch wysheitt vnd gnad verliche, allem dem ze widerston, dass wider sinen Göttlichen willen vnd wider vnss ist.*

3 *Ein Vatter vnser als Gott die menschheit erschaffen hatt, vnd sy bildett nach sinem bild.*

4 *Ein Pater noster als Gott Adam vnd Eua die heilig Ee ufsatzt, dass vnss Gott auch hälf dass wyr sy rächt haltind.*

5* *Ein Vattervnser sitzend zulob vnd ehr der ruw in welcher Gott was nachdem är alle ding erschaffen hatt, dass vns Gott auch setzen will in sin ewige ruw nach disem iamerthal.*

6 *Ein Vattervnser als Gott Adam vnd Euam in dass paradis däth.*

7* *Ein Vattervnser für den fal in welchen die menschheitt fiel, dass vnss Gott gnädigklih verzihe vnd vergäbe wo wyr ie wider sinen Göttlichen willen gesündigett hand, vnd leider noch däglich sündend.*

8* *Ein Aue Maria zu lob vnd dancksagung der himmelslichen künigin, vnd vserwelten Muter Gottes Maria, dass sy den erschrockenlichen fal widerum bracht hatt zu gutem.*

9 *Ein Vattervnser als Adam vnd Eua widerum uss dem Paradis getryben wurdend, dass Gott vnss armen sünderen gnad, bistand vnd kraft gäbe, dass wyr vnser sündigs läben besserind, uffdass wyr in ewigkeitt nitt von imme getriben wärdind.*

10* *Ein Vattervnser knüend zu lob der grächtigkeitt welche*

* siehe Anmerkungen am Schluss des Gebetes, Seite 196.

nun ob fünf dusend Jaren gwärt hatt, auch der grossen gnaden zudanck, vm welliche die allvätter so ein lange zytt zu Gott dem Vatter hand gerüeft vnd geschruwen.

11 *Ein Vattervnser zu lob vnd dancksagung dem trostlichen rath, als die Gotheitt zerath gieng, dass gantz menschlich gschlächt zu erlösenn, dass unss Gott von allen sünden, auch von allen sichtbaren vnd onsichtbaren finden welle lösen, bhüten vnd bschirmen.*

12 *Ein Vattervnser als Gott der Vatter sinen geliebten sun zu vns in dises iamerthal schickt uff das er vns alle arme sünder erlöste, dass vns Gott helffe dass wir dise allerhöchste gnad vnd gab mitt vnseren sünden nitt verlierend.*

13 *Ein Aue Maria zu lob vnd ehr der vserwelten muter Gottes, als yren der Engell Gabriel verküntt hatt dass ewig wort.*

14* *Ein Aue Maria zu lob der lutterkeit, in deren Gott erpfangen ward vnder das rein mägtlich hertz Mariae.*

15 *Ein Aue Maria zu lob der demuth in welcher Gott getragen ward, dass vns Gott gedult vnd demuth gäb allem dem zewiderston das vns schad ist an seel vnd lib.*

16 *Ein Vattervnser vnd ein Aue Maria für all schwanger frauwen, dass sy Gott erfroüw nach sinem lob vnd irer noturft.*

17 *Ein Vattervnser dem Göttlichen liecht das do erschin in dise wält, als vnser Herr vnd Gott geboren ward in dise wält, dass vns Gott erlücht nach sinem willen.*

18 *Ein Aue Maria zu lob der fröuwd in welcher die userwelt muter Gottes Maria wass, da sy ir geliebtes kind anschauwett, dass sy ir kind unserem Herren Jesum Christum für vns arme sünder bitt, dass wir hir vnd dört werdind erfröwtt.*

19 *Ein Vattervnser, als den heiligen dryen künigen verkünt ward, dass Gott von einer magtt geboren wär, vnd sy ussfurend in zu suchen.*

20 *Ein Vattervnser, als Gott beschnitten ward an dem achten dag, vnd er sin erstes blut vergoss.*

21 *Ein Aue Maria für die trurigkeitt in deren Maria wass.*

22 *Drü Vattervnser in die grossen froüd, welche die heiligen dry künig hattend da sy dass lieb kindli Jesum fundend, vnd imme demütigklichen uff iren knüwen dass opfer gabend, dass dem süssen kindli Jesus dis vnser gebätt ein wärd opfer sy.*

23 *Ein Aue Maria als die heiligen dry künig von einem Engel gewarnt wurdend, dass sy nitt widerum zum künig Herodis giengend, dan er wäre willens dass kindli Jesum zetöden.*

24 *Ein Aue Maria als Maria die userwelt muter ires geliebt kind ufopferett in dem tempell.*

25* *Ein Vattervnser als dem priester Simeon sine augen wurdend ufgeton vnd sprach, Herr nun send dinen knächt nach dinem wortt im friden, dan mine augen hand gsächen din heil.*

26 *Ein Aue Maria zulob Maria als yren Simeon wyssagt, das yren als wee wurde gschähen uon yrem allerliebsten kinds dot, als ob yren ein schnidend schwärt gienge durch yr zartes iunckfröuwlich härtz.*

27 *Ein Aue Maria zedanck Maria als sy yres geliebt kind geflöcht hatt von sinen finden in Egyptenland, dass vns Gott hälf dass wir auch mogind geflöcht wärden von allen vnseren fienden hie zitlich, vnd dort ewig.*

28 *Ein Aue Maria zu einem mitliden von wägen dess grossen frosts hitz vnd armuth, welchen Maria vnd ires geliebtes kindli hattend da sy in Egyptenland furind.*

29 *Ein Vattervnser zu lob denen unschuldigen kinden die der künig Herodes hatt lassen döten, vnd allen denen die ie durch Gott pin vnd marter erlitten hand, dass vns Gott hälf dass wyr irer guthät gniessind.*

30 *Drü Aue Maria zu lob Maria als sy ir libes kind verlor in der iuden schul dry dag vnd nächt, vnd der wysheitt die vnser lieber Herr Jesus erzeigt, dass vns Gott allen wysheitt verlich.*

31 *Ein Aue Maria zulob denen fröuden die Maria erpfieng do sy ir liebs kind fand in der iuden schul.*

32 *Ein Vattervnser zulob denen wunderzeichen die Gott ie däth vnd nach thut, vnd dun will.*

33* *Ein Vattervnser als Jesus in dem drysgisten iar in dem Jordan gedouft ward, dass vns Gott hälf dass wyr alle Sacramenta rächt verehrind.*

34 *Ein Vattervnser da Jesus in die Wueste gieng da selbst viertzig dag vnd nächt zefasten, dass vns Gott alles vnütz essen vnd drincken värgab.*

35 *Drü Vattervnser als Jesus zum drittenmal versucht ward in der wuesti, dass vns Gott bhüt vor allen bösen versuchnussen.*

36 *Ein Glauben als Jesus us der Wuesti gieng, vnd zwölf siner iunger an sich nam, vnd sy lert rächten glauben, dass vns Gott hälf dass wir siner ler follgind.*

37 *Ein Vattervnser als Jesus Lasarum vom dot erweckt, dass är alle christen si syend labentig oder dot erlöse.*

38 *Ein Vattervnser als Jesus demütigklichen zu Jerusalem inreit, vnd wol erpfangen ward vnd darnach hert verlan,*

vnd die drähen welche är weinett do er wüst wie aller menschen härtzen gägen Gott stund.

39* *Ein Vattervnser als Jesus am Mendag ellend vnd armuth leid, do in zu Jerusalem niemand beherbergen wolt, dass wir nimmer ellend vnd vndultig wärdind.*

40* *Ein Vattervnser der wysheitt zelob welche Jesus an dem Zinstag lerätt, dass wir iren folgind.*

41 *Drü Vattervnser knüwend als Jesus an dem Mitwuchen verkauft vnd verrathen ward von Judas, vnd vm dryssig pfennig gän wass, das vns Gott hälf dass wir nimmerd wäder verkauft noch verrathen wärdind.*

42* *Ein Vattervnser zu lob vnd danck Gott vm dass heilig zeichen vnd reich dass man in vnserem baner zu schwytz hett, dass vns Gott hälf dass wir dass bheynd vnd nimmer verlierind.*

43* *Ein Vattervnser zudanck vnd lob Gott, vnd ein Aue Maria zu ehren Marie, vnd allen dänen die unss ie gutz hand thun vnd dass händ ghulffen bhan.*

44 *Ein Vattervnser sitzend als Jesus zudisch sas mitt sinen zwölf iüngeren, dass vns Gott hälf um sin ewige pfrund.*

45* *Ein Vattervnser als Jesus sinen iüngeren die füess wusch, dass vnss Gott hälff dass wir all vnsere sünd abwäschind mit rüw vnd bicht.*

46 *Ein Vattervnser als Jesus sinen heiligen lib gab zu einer spys, das vnss Gott vergäb wo wir in ie hand erpfangen wider sin ehr.*

47 *Ein Vattervnser zedanck der gnaden vnd der göttlichen wysheitt die sant Johannes empfing in dem er sich neigt uff die brust unsers lieben Herren Jesus.*

48 *Ein Vattervnser als Gott sin heiligs bluth gab zu einem tranck, dass Gott Christen tränck vnd tröst.*

49* *Ein Vattervnser als Gott ein gute ler dath.*

50* *Ein Vattervnser stond, als Jesus mitt sinen fründen in garten gieng, vnd darin so mengen heissen dräher lies in dem er sin gross liden vorhin wust.*

51 *Ein Vattervnser als Jesus zum ersten sine heilige händ gän hymel uff hub vnd sprach Vatter mag es gsin so überheb mich der grossen marter.*

52 *Ein Vattervnser als Jesus sprach, Vatter nütt min will sunder din will wärd an mir vollbracht.*

53* *Ein Vattervnser als Jesus zum anderenmal uff den bärg gieng gen bätten, vnd zu sinen iüngeren sprach, wachend vnd bättend dass yr nütt in versuchnus fallind, dass unss Gott hälf das wir nitt in böse versuchnus fallind.*

54 *Ein Vattervnser knüwend als der Engel Jesum tröst, vnd*

seitt zu im, Jesus du solt mitt dinem dot dass gantz menschlich gschlächt erlösen, dass vns Gott hälf, dass wir vns salbs mitt sünden nit verlierind.

55* *Ein Vattervnser als Jesus zum drittenmal uff den bärg gieng gen bätten, vnd sine hend ufhub gägen sinem hymlischen Vatter vnd sprach, min geist ist bereitt zu liden, aber minn fleisch ist kranck vnd blöd, von dem gegenwirtigen liden, vnd von wägen der grossen liebi die er hett zu dem menschlichen gschlächt do verwandlet sich sin schweis in bluth.*

56* *Ein Vattervnser do Jesus zu sinen iüngeren kam vnd sy entschlaffen warind, vnd är zu inen sprach, mögind yr nit ein kleine wil mitt mir wachen, der schlaft nitt der mich in dot hatt gäben.*

57 *Ein Vattervnser stand als Jesus sprach, nun stand uff die stund ist hie in welcher des menschen kind wird gän in dot.*

58 *Ein Vattervnser als Jesus mitt sinen fründen engegen gieng den finden vnd er sprach, wen suchend yr, Jesus der bin ich vnd von den demüetigen worten fielend sy zum drittenmal nider, da bittend Gott von grund üwers härtzens das wir nimmer von im fallind.*

59 *Ein Vattervnser als Jesus demüetigklichen den kuss von Judas erpfangen hatt mitt welchem är verrathen ward, dass vnss Gott bhüett dass wir nimmer verrathen noch verkauft wärdind.*

60 *Ein Vattervnser als Jesus zu mitternacht gfangen wurd, vnd die Juden inn mitt grosser ungstimmigkeitt angriffind, dass Gott tröst all gfangne lüth, auch all kristglaubig seelen.*

61 *Ein Vattervnser in den schräcken der empfangen ward do vnser lieber Herr Jesus gfangen wass, vnd sant Peter dem Malchus das rächt or abhuw, vnd Jesus zu imme sprach, Petre steck in din schwärtt, den wer mitt dem schwärt ficht där gat zu grund mitt dem schwärt.*

62 *Ein Vattervnser knüwend, als vnser lieber Herr Jesus verlon ward von allen sinen fründen, vnd umbstanden ward mitt sinen fyenden, dass uns Gott hälf dass wir nimmer trostlos wärdind.*

63 *Ein Vattervnser vnd ein Aue Maria in grossen schräcken vnd härzleid so erpfangen ward, als die zwölffbotten zu der milten muter Maria kamend vnd sprachend din liebes kind ist gfangen, vnd wir wüssend nitt wie es im ist ergangen, dass vns Maria gnad erwärb für alle härtzleid.*

64 *Ein Vattervnser als Jesus gebunden gfüert ward in den*

hoff Annas des priesters, vnd der grossen verschmähung die er darinnen leid.

65 *Ein Vattervnser als sant Peter sines Herren sich verloügnätt, vnd Jesus sant Peter ansach mitt den augen siner barmhartzigkeitt.*

66 *Ein Vattervnser als Jesus gefüert ward vom Annas zum Kayefass.*

67* *Ein Vattervnser als Jesus vom Cayfas zum Pylatus gfüert ward, vnd die iuden schruwind, krützge inn, krützge inn, dass vns Gott hälff dass wir also vm gnad zu im schrynd, vnd wir bewärt wardind aller barmhärtzigkeitt.*

68 *Ein Vattervnser stand als Jesus vom Pilatus zum Herodes gschickt ward, dass wir vns schickind in sin willen.*

69 *Ein Vattervnser als vnser lieber Herr Jesus mitt einem wyssenn kleid bekleidet ward von Herodes zu einem spott, dass vns Gott vergäb alle die sünd die wir mitt kleideren vnd mitt spotten ie verbracht hand.*

70* *Ein Vattervnser als Jesus von Herodes widerum zum Pylatus gschicktt ward vnd sy eins wurdend, welche forhin dötliche find warend gsin, dass unss Gott bhüet vor allen finden, vnd vor allem nid vnd hass.*

71* *Ein Vattervnser als Jesus vor der sul abzogen ward, das unss Gott bhüett vor allem übell.*

72* *Fier Vattervnser, das erst da vnser lieber Herr Jesus an die sul on alle erbärmb gebunden ward, dass ander denen iemerlichen schlegen die er an der sul leid vnd erpfieng, dass dritt allen der wunden die er erpfangen hatt, dass fiert allem bluth das er vergoss da in sächzähen ritter geisslettend ie fier vnd fier biss dass sy al müed warend, vnd sy nüt an sinem zarten lib gantz liessend oben von der scheitlen an biss uff sin heilge füess, dan es wass alles verwunt an sinem heiligen lib.*

73 *Ein Vattervnser allem dem schmärtzen vnd verschmächungen die Jesus leid da er ab der sul gnommen ward.*

74 *Ein Vattervnser als Jesus mitt purper bekleit ward, welches imme spottlicher wys angleitt was, dass wir bekleitt wärdind mitt barmhärtzigkeit.*

75 *Drü Vattervnser als Jesus uff den spottstul gsetzt ward, vnd imme sine heilige augen verbunden, vnd uff sinen nacken gschlagen ward, vnd zu im gseit ward, wyssag vns, wär hatt dich gschlagen, dass vns Gott hälf, dass wir nitt von vnseren fyenden gschlagen wärdind.*

76* *Drü Vattervnser als Jesus uff dem spottstul gekrönt ward mit einer dörnin kron, vnd die iuden uff ein knüw knüwtend vnd sprachend, gegrüest syest du künig der iuden,* *vnd sy inn verspottetdend vnd verschmächtend, vnd sy imme in sin heiliges angsicht spüwtend, vnd kadt im in sin angsicht vnd in sin mund wurffend, dass unss Gott vergäb allen vnseren bösen spott.*

77 *Ein Vattervnser als Jesus fälschlich, auch wider die warheitt vnd alle rächt verklagt ward.*

78 *Ein Vattervnser als Jesus fälschlich vnd wider rächt verurtheilt ward vom läben zum dot schantlich ans krütz, dass vns Gott behüet vor allem vnbarmhärtzigen vnd ungrächtem urteil vnd vns Gott gnädig sy.*

79 *Ein Vattervnser knüwend als vnserm lieben Herren Jesus dass krütz ward uff sinen verwunten ruggen gleitt.*

80* *Ein Vattervnser allen schwären vnd verschmächten tritten die Jesus vnder dem krütz leid.*

81* *Ein Vattervnser als Jesus das purpurkleid von sinem heiligen lib geschrantzt ward dass sich alle sine schwäre wunden wider ernüwerett wurdind, vnd imme sin rock wider angleitt ward.*

82* *Ein Vattervnser als Jesus sin rock wider angleit ward, darum das man in des der bass kanti, vnd des der mer verschmächti.*

83* *Ein Vattervnser als Jesus sin rock vor dem krütz wider abzogen ward, vnd die iuden darum spiltend imme zu einer schand vnd spott, dass vnss Gott vergäb all vnsere böse spil vnd spott.*

84 *Ein Vattervnser als vnser lieber Herr Jesus uff dass krütz nider gworffen ward.*

85 *Ein Vattervnser als Jesus zerspant ward, dass schier an allem sinem lib kein glid an siner rächten stat blib.*

86 *Ein Vattervnser als vnserem lieben Herren Jesus dry stumpf negel wurdend durch sine heilige hend vnd füess geschlagen.*

87 *Ein Vattervnser dänen grusamen schlegen die uff vnseren Herren Jesum wurdend gschlagen, dass vns Gott hälf, dass alles von vnss gschlagen wärd, das Gott vnd vnss zuwider sy.*

88 *Ein Aue Maria dem härtzleid darin vnser aller muter Maria wass da sy die grossen hämmerschläg ghort, die ir liebes kind leid, dass vns Maria gnad erwärb für alle härtzleid.*

89* *Drü Vattervnser stand mit usgestreckten armen als vnser lieber Her Jesus uffgricht ward, auch dem erhutzen als das krütz zum dritten mal in dem stein erhutzt ist dass alle sine wunden wider vfbrachen, das Gott sin gnad uffbräch vnd vns alle frucht erschötz.*

90* *Fünf Vattervnser mitt zerspanten armen, und setzend den rächten fus uff den linken fus, denen heiligen fünf wunden die vnser lieber Herr Jesus am stammen des heiligen krütz leid.*

91 *Siben Vattervnser mitt zerspanten armen zelob den siben letsten worten die Jesus am krütz rett, dass Gott allen menschen ire wort in gutz wänd.*

92* *Ein Aue Maria knüwend dem hartzleid dass Maria hatt, do sy ires lieb kind sach so hoch an dem krütz hangen, vnd von aller wält verlon, vnd sy im nitt zuhilf mocht kummen, auch dem guten glauben da rin Maria blib.*

93* *Drü Vattervnser mitt usgespanten armen dem weinen, als Gott weinet, vnd dem vereinbaren als sich Gott vnd mensch vereinet, dass sich Gott vereinbare zu aller kristenheitt sy syend läbentig oder dot.*

94* *Drü Vattervnser dem frost vnd spott, vnd dem neigen, als Gott sin haupt neigt gägen vnss, vnd sinenn innerlichen süftzen die er leid für vnns arme sünder.*

95* *Drü Vattervnser als Jesus starb an dem krütz, vnd all sin*
96* *noth überwunden hatt, vnd den willen sines hymlischen Vatters volbracht hatt, vnd alle menschen erlöst wär acht selber wil.*

97* *Ein Vattervnser als Jesus zu der forhellen fur vnd erlost alle die dennen welche sinen Gottlichen willen hattend thun, dass vns Gott hälf dass wir in sinem willen läbind vnd sterbind.*

98 *Ein Vattervnser als Longinus den Herren Jesum stach in sin heilige siten, vnd wasser vnd blut daruss ran.*

99 *Ein Vattervnser stand vnd hand die linken hand uff die grächt, zu ehren als Jesus glöst ward ab dem krütz dass vns Gott löss von allem übell.*

100* *Ein Aue Maria dem härzleid welches Maria leid, da iren yr liebes kind also dot gäben ward, dass sy so kum erbeittet die wil är iren nitt läbentig vom krütz mocht wärden, vnd iren dot an ire arm ward.*

101* *Ein Aue Maria den froüden die Maria erpfieng do ires härtzlieben kinds wunden all uff irer schoss heiltend vntz an die heilgen fünf wunden, die wolt Gott mitt im gen hymmel füeren vnd an das iüngst gricht.*

102 *Ein Vattervnser knüwend als Jesus begraben ward.*

103 *Ein Vattervnser zulob denen heilgen Englen die Jesus hüettettend in dem grab.*

104* *Ein Vatterunser vnd stand uf als Gott erstund an dem heiligen Ostertag mit dem sighaften krütz vnd fanen, dass* *vns Gott hälf dass wir frölich widerstandind allen vnseren finden.*

105* *Ein Vattervnser denen froüden so erpfangen wurden von der vrstendi Jesus.*

106 *Ein Aue Maria zu lob denen froüden die Maria erpfieng do sy wust dass yr liebs kind erstanden was, dass vns Gott hälf dass wir allen sünden widerstandind.*

107 *Ein Vattervnser als Jesus erschin sant Maria Magdalena darum dass sy wust das är iren alle sünd hette vergäben, dass vns Gott auch vergäb all unser schuld.*

108 *Ein Vattervnser da Jesus abermals erschin sinen lieben iüngeren vnd zu inen sprach der frid sy mitt üch, vnd seit darnach zum Thomas, leg din hand in mine wunden vnd bis glaubig, vnd sant Thomas gab antwort vnd sprach, du min Gott vnd min Herr vnd glaubt.*

109 *Ein Vattervnser allem dem dass Jesus däth in den fiertzig dagen ee das är gen hymmel fur.*

110* *Ein Vattervnser sitzend als Jesus zehymmel fur in angsicht siner liben muter vnd iüngeren, vnd aller deren die sy wirdig warend zesähen.*

111 *Ein Vattervnser denen grossen froüden so im hymmel wurdend da Jesus wider heim kam, vnd är so lang wass in grossem ellend vnd armuth gsin durch vns armer sünder willen.*

112* *Ein Vattervnser als die iünger fluchend in ein hus vnd sy darin warend bis an den zächenden dag, vnd betrachtettend den rächten kristenlichen glauben, dass vns Gott hälf dass wir betrachtind sin liden vnd glauben, dass wir nach disem ellenden läben mögind besitzen das ewig läben.*

113 *Ein Vattervnser als Jesus gen hymmel fur vnd den sägen däth über alles ärterich, dass unss Gott hälff das wir mitt disem sägen gsägnätt synd immer vnd ewig for allem schaden.*

114 *Ein Vattervnser knüwend als Jesus sinen lieben iüngeren schickt den heiligen geist, vnd är in nach allen reinen vnd demüetigen menschen senden will, dass Gott erlüchte alle menschen mitt sinen Göttlichen gnaden.*

115 *Ein Vattervnser zu danck denen syben gaben dess heiligen geists.*

116 *Ein Vattervnser zedanck Gott vm die heiligen syben Sacrament, die är vnss hatt zu einer artzny gän für all vnser sünd.*

117* *Ein Vattervnser Sstand mit ussgestreckten armen dem heiligen krütz das Gott uss siner heiligen menschheitt machett,* *dass äs sige ein schilt vnd schirm allen kristen, auch allen kristenlichen seelen für alle unsere fyend.*

118 *Ein Vattervnser knüwend vm gnad am iungsten gricht allen menschen für die man Gott bätten soll.*

119 *Ein Vattervnser vnd ein Aue Maria in der ehr der muter Gottes Maria vnd sant Johans des Doüffers, vnd alles hymlischen Heers, dass sy aller christen fürsprächer wellind sin vm alle noturft.*

120 *Ein Vattervnser vnd ein Aue Maria zu lob vnd danck Gott vnd Maria, die tröster sind allen bekümberten härtzen, dass sy vns vnserer sünden nit lassind ergälten, sunder vns by Gott dem Vatter Gnad erwärbind.*

121 *Ein Vattervnser vnd ein Aue Maria allem dem liden zu danck dass vnser Herr Jesus ie leid, vnd durch sinät wilen ie gelitten ward.*

122 *Ein Vattervnser vnd ein Aue Maria für alle so dises gebätt ie gebättet oder gefürderett hand in dem namen Jesus.*

123* *Ein Vattervnser in der ehr sant Moritzen vnd siner gselschaft, vnd in der ehr der zähen dusig ritteren, vnd allen heilgen die in vnserem land gnädig sind, dass sy Gott für vns bittind dass är vns hälf stritten in noturft zu allen zyten.*

124* *Ein Vattervnser zelob sant Katrinen vnd sant Barben, vnd sant Dorotheen vnd sant Annen vnd Maria vnd Helenen.*

125* *Ein Vattervnser in der ehr sant Valentin vnd sant Wolfgang, sant Jost vnd sant Sebastions.*

126 *Ein Vattervnser in dem nammen Jesus, vnd in der ehr sant Michels vnd aller englen, dass wir läbind in irem schirm vnd willen.*

127 *Ein Vattervnser in dem nammen Jesus für all kristen sy syend läbentig oder dot, dass unss vnd inen Gott frid gäb.*

128 *Ein Vattervnser und ein Aue Maria in dem nammen Jesus für all gute Menschen dass sy ewigklich blibind in irem guten läben.*

129 *Ein Vattervnser für all dotsünder vnd dotsünderin dass vns Gott hälf dass wir vns bekerind von sünden vnd guth wardind.*

130* *Ein Vattervnser vnd drü Aue Maria vnd ein Glauben in den gwalt Gott dess Vatters, vnd in die stercki Gottes suns, vnd in die ärbärmbd Gott des heiligen geists, dass sich Gott über alle menschen ärbarm, wir befelchend hiemitt auch vnser seel, lib, ehr, vnd guth in den schirm in welcher Maria vnd irs lieb kind wass, vnd bittend sy dass sy vns vnseren sünden nitt lassind ergälten, vnd sy vnss versorgind in aller noturft. Amen.*

Anmerkungen:

1 *kinden (kinder?)* auffälliger Plural. / *zelob* wechselt mit *zu lob*, jenes zusammen, dieses öfter getrennt geschrieben. / *nach* = *noch* wie unten §.32.114. / *wärdind*, s. über *-ind (end)* im Plur. des Indic. wie Conj. Weinhold a.a.O. §.342—344. — 5 *ruw* = Ruhe, beigeschrieben *ruo*. — 7 *hand, händ* oder *heind* = lat. *habent*. — 8 d.i. *himmels-lichen* mit doppeltem Adjectivsuffix, wie *engelslich, engelschlich* u.dgl. bei Weinhold §.301 — 10 Das ursprüngliche Wort ist hier verwischt, *knüend* statt *knüwend* hat eine jüngere Hand eingesetzt. / *nun*, nämlich bis zur Erscheinung Christi. — 14 Bei *lutter (lütter)* ist rein überschrieben. / Diese und die folgenden »Gott« = Gottmensch sind in den Drucken entfernt. / *erpfangen* fast durchweg für empfangen (dieses §.47.61). — 25 Der »Priester« ist in den Drucken beseitigt. — 33 *gedouft* vgl. §.119 *(doufe* Taufe bei Otfried u.a.) — 39 für *mândag* mit willkürlicher Schwächung, wie öfter bei Tschudi. — 40 *Zinstag* für *Ziestag* (s. Ziemann S. 688), ist s.v.a. das aus dem Niederdeutschen stammende »Dienstag«. — 42 *zeichen vnd reich* (letztere zwei Worte von späterer Hand eingeklammert) bedeutet das Fahnenzeichen (ein weisses Kreuz) und das (damit zugleich bezeugte) freie Regiment (1777: »dass unsere liebe Altforderen gefreyet seynd von dem h. Vater dem Pabst, und Kayser, begabet mit Christlichen Zeichen, die wir führen in unserm Lands-Panner), s. übrigens Blumer, Staats- und Rechtsgeschichte der schweiz. Demokratien I, 7. / *bheynd (bheind)* = behalten. — 43 = und dieses (Gute) haben geholfen behalten. — 45 *rüw* = Reue, aber *ruw* §.5 = Ruhe. — 49 Nämlich in seinen testamentarischen Reden bei und nach dem Abschiedsmahl. — 50 *stond* und öfters *stand (stând)* = stehend. / *so mengen etc.* = so manche heisse Thränen *(dräher* neben *drähen* §.38, auch 1777, aber an anderer Stelle: was für heisse Träher). — 53 = um zu beten. — 55 Auch noch in dem Drucke 1777 bezieht der Herr diese Worte auf sich selbst; in 1841 ist das geändert. — 56 Es ist der Verräther gemeint. / *zwölfbotten* ohne Rücksicht auf Judas = Apostel. — 67 *schruwind* = schrieen von *schruwen* wie §.10 = *schriwen, schryen* Weinhold §.333. — 70 *gsin* = gewesen, wie §.111, wogegen 51 = sein *(sîn)*. — 71 *sul* (1771 *saul)* = Säule. — 72 *erbärmb* vgl. §.130 *ärbärmbd* (bei Notker u.a. *irbarmeda, -ida)* Erbarmung. — 76 Auch 1841, obgleich ganz verhochdeutscht, sagt noch die «dornen Krone». / *verspottetdent* mit incorrektem *d* / *kadt* (1777 einmal, aber an anderer Stelle, *kad)* = Koth; Zwingli reimt *kat* mit *gat* (geht). — 80 *verschmächten* = mühseligen. — 81 *schrantzen* = reissen, s. Stalder 2, 350. / *sich* ist überflüssig. — 82 *des der (dester, deste)* = desto. — 83 *die iuden* historische Ungenauigkeit wie §.25.55. — 89 *erhutzen* = aufstauchen (1777: »und trugens, näml. das Creutz, bis an das Ort zu dem Stein, und richteten ihn, näml. den Herrn, hoch auf und liessen ihne herabfallen also ungestüm, dass alle seine Wunden aufbrachen.« / *erschötz* = erschiesse, d.i. erspriesse und erspriesslich sei, s. die mittelhochdeutschen

Wörterbb. von Ziemann S. 84 und Müller-Zarncke 2,2,176. — 90 Die Gebetsstellung gibt das Bild einer römischen V. wie §.89 und 117 des Kreuzes, §.99 der Gebundenheit, §.104 der Auferstehung. — 92 *ires lieb kind* wie §.24 u.ö. wechselnd mit *ir liebes kind.* — 93 Es ist die in dem Klaggeschrei des Gekreuzigten hervorgetretene Vereinigung göttlicher und menschlicher Natur in seiner Person gemeint. — 94 *süftzen* d.i. Seufzern. — 95, 96 Die alte Bezifferung zählt hier versehentlich einen Absatz für zwei / *wär acht (ächt)* = wer etwa, wer nur immer. — 97 *dennen* = daraus, s. Weinhold §.316 — 100 = welches sie so schmerzlich *(kum* = »kaum« im Sinne des lat. *aegre)* erwartete *(erbeiten* = erwarten, s. Stalder 1,155). — 101 *schoss* als Femin. auch in den Drucken (jedoch in 1841 auch als Masc.). / *untz an* = bis an (ausgenommen). Das von den fünf Wunden Gesagte ist allgemein kirchliche Vorstellung, das Uebrige einer der zartesten von den wenigen legendarischen Zügen, welche der recapitulirten Geschichte eingeflochten sind; die Druckausgaben haben davon nichts, aber dafür viel weit subjectiveres Beiwerk. — 104 Auch *fan* (Fahne) ist nach der Weise der alten Sprache (zB Acc. Sing. *den vanen* in den Nibelungen) Masc. — 105 *vrstendi* (wie *liebi, sterchi, wuesti)* = *vrstende* Auferstehung. 110 *sy,* nämlich seine Auffahrt. — 112 *fluchend* = flohen (vgl. 27 *flöchen* = flüchten). — 117 Sstand. So die Handschrift mit besonderer Hervorhebung dieses »stehend«. Druckausgabe 1777 (aber an anderer Stelle): das lebendige Fron-Creutz, dass unser lieber Herr J. Chr. liess aus ihm selber machen aus seiner heiligsten Menschheit. — 123—125 Die Drucke haben Maria, Anna und die 10,000 Ritter (Gedenktag: 22. Juni), aber übrigens durchwegs andere Heilige, darunter den Kirchen- und Landespatron von Schwyz, M a r t i n u s, nicht mehr St. Moritz und seine Genossen (die thebäischen Märtyrer), was beachtenswerth. — 130 *gwalt* als Masc. wie im alten Schrifttum allenthalben. / *in welcher* incorrect, die Drucke wenden dies so, dass Befehlung in den Schirm Maria's daraus wird.

Es sind nur vier Stellen, wo die Lesung der Handschrift zweifelhaft blieb, nämlich §.1, wo es ungewiss ist, ob *kinden* (ein auffälliger schwacher Plural, wogegen §.29 *kinden* regelmässige starke Declination ist) oder *kinden* gelesen werden soll — 29. *irer* oder *iren?* — 37. *erlöst* oder *erlöse?* — 61. *empfangen* oder *enpfangen?* Uebrigens haben wir den Text mit allem seinem Schwanken in der Schreibweise, in Anwendung und Unterlassung des Umlauts, in der Wortfügung, selbst mit seinen Fehlern aufs treueste wiedergegeben.

Hinter dem *Amen* folgt die schon erwähnte Datirung der Handschrift *(1575. 12. Decembris)* und darunter die Zusammenrechnung *Summa paternr 144. Aue Maria 35. Glouben 3.* Die Rückseite nimmt Witwylers Widmung ein. Die folgende Seite aber enthält von nicht viel jüngerer Hand einen auf Nicolaus von Flüe bezüglichen Gebetsanhang, der sich auch in den Druckausgaben (vor §. 130 eingeschaltet) findet, hier aber in alter Sprache und Schreibung lautet wie folgt: *Bättend drü Vattervnsser vnd drü Aue Maria ze lob dem sëlligen Vatter Bruder Clausen das er vnsser drülich gegen Gott mitt sinem sëlligen furpitt welle ingedenk sin. Damitt wier des bas in Vnsserm Vatterlandt in frid ruow vnd einigkeitt mögen läben vnd wier ouch behütt vnd beschirmtt wërden for allem anrenen frömder herschafft vnd wir ein anderen mögen erhaltten vnd verhan*[1] *by vnsseren loblichen friheitten darin vns vssere forelteren gesetzt mitt grossem schweis vnd blud vnd wir ouch nitt brüchig werden an den gelüptten so sy zu samen gethan heind für iren vnd vser vatterlandt.*

Dieser Zusatz steht wohl nicht ausser Zusammenhang mit der frühzeitig aufgekommenen Sitte, das grosse Gebet auf der Wallfahrt nach dem in Obwalden gelegenen Saxlen (Bruderclausen) zu beten[2], nämlich in zwei Abtheilungen: während der Seefahrt von Brunnen nach Buochs und von Buochs zurück nach Brunnen. Erst als man aufhörte, in Ruderschiffen (sogenannten Nauen oder Nauwen) zu fahren und die Wallfahrt sich in eine Lustfahrt zu Dampfschiff nach Luzern und von da nach Alpnach verwandelte, ist jene Sitte erloschen. Die Landeswallfahrt nach Bruderclausen war ohnehin von der Landsgemeinde von Schwyz 1778 »der Kosten wegen« aufgehoben worden. Auch übrigens ist das grosse Gebet seit etwa zwanzig Jahren ausser Brauch gekommen. In Schwyz liess es noch Pfarrer Fassbind (gest. 1822) wie auch sein Nachfolger Pfarrer Suter, die Gemeinde alljährlich einige Mal, in Ingenbohl Pfarrer Reding (gest. 1845) wenigstens einmal beten. Gegenwärtig ist es wenig mehr bekannt. In Einsiedeln ist nichts geschehen, um der Gemeinde die Kenntniss dieses ihres alten Palladiums in allen Landesnöthen zu sichern. —

Mir aber erschien es der Mühe werth, dieses einzigartige Stück altkatholischen Gottesdienstes der Vergessenheit zu entreissen. Einzigartig ist es durch die umfassende Aufgabe, die es sich stellt, das Ganze der heiligen Geschichte vor der Gemeinde vorüberzuführen, es zum Gegenstand ihrer anbetenden Betrachtung zu machen und die Einpflanzung in Herz und Gedächtniss durch die Mimik abbildlicher Gebetsstellungen zu verstärken. Altkatholisch ist es, denn es hat ganz und gar das Gepräge jener grossartigen sinnvollen Einfachheit, welche die altdeutsche Kirchensprache und Kirchenbaukunst mit einander gemein haben [3]; auch führt uns die Handschrift über das Reformationsjahrhundert zurück, inwiefern sie voraussetzt, dass das »grosse vnd krefftige Gebett« um 1575 ein aus älterer Zeit überkommenes war, ja das Gebet selbst ruht §. 122 auf dieser Voraussetzung, und der Druck von 1777 sagt, dass »die Heil. Altväter und Klosterleuth dasselbig angefangen und dass es die weltliche Leuth vor altem auch in den dreyen Länderen (Schwyz, Uri und Unterwalden) gelehrt haben.« Die Verlässigkeit einer Bemerkung des Hrn. Kyd, die es aus dem 13. Jahrhundert herleitet, zu prüfen, fehlen uns die erforderlichen Hülfsmittel.

Freilich enthält es bei aller Schönheit und Sinnigkeit Manches, wodurch unser evangelisches Bewusstsein sich abgestossen fühlt, namentlich die gehäufte Verwendung des Vaterunsers und die heilsmittlerische Stellung Maria's und der Heiligen. Was aber diesen letzten Punkt betrifft, so müssen wir darüber hinweggehen können, um uns nicht überhaupt alle Freude an den geistlichen Schöpfungen des Mittelalters bis zu Thomas von Kempen herab verkümmern zu lassen. Wenn wir also auf der drittletzten Seite der Handschrift lesen: *O Mary zartt / Maria grata mater misericordiae Tu nos ab hoste protege in hora mortis suscipe,* so dürfen wir uns daran nicht zu sehr ärgern, zumal da die unmittelbar darunter stehende Strophe dieser alten Sequenz (Prosa) lautet: *Gloria tibi domine qui natus es de virgine cum sancto spiritu in sempiterna secula.*

Aber noch bin ich mit Entrollung meines Pergaments nicht fertig. Es enthält noch mehrere kostbare Stücke, welche ebenso evangelisch als katholisch sind und über denen alle Kirchen Christi sich die Hände reichen können. Um so würdiger ist des festlichen Jubeltages, an dem es hervortritt, und des hochverehrten Jubilars, mit dessen Namen geschmückt es ausgeht.

Auf der Vorderseite des vorletzten Blattes findet sich, um zuvor noch einiges Unwesentliche zu beseitigen, ein Autograph, wonach dieses Pergamentblatt irgendwann zu einem äbtlichen oder bischöflichen Decrete verwendet werden sollte, nämlich: *Nos Stephanus Weberus Dei et apostolicae sedis gratia.* Aus Leu's Schweizerischem Lexicon (Theil 16. 1764) ersehe ich, dass noch im vorigen Jahrhundert ein adeliges Geschlecht Weber im Canton Schwyz bestand [4], aber über Stephan Weber weiss ich nichts zu sagen. Ebendieses Pergamentblatt enthält eines der kostbaren Stücke, die ich mitzutheilen im Begriffe bin, mit der Unterschrift: *Im 1604 Jar Hans inderbitzi.* Der Familienname Inderbitzi(n) ist noch jetzt in Brunnen und dem vor Schwyz an der Muotta gelegenen Ibach heimisch. Ein im J. 1824 in Zug erschienenes Buch mit dem anziehenden Titel: »Kaleidoscop oder unerschöpfliche Mannigfaltigkeit der Ehestandsfarben. Von einem sonderbaren und seltenen Autor im Hirtenhemd und Holzschuhen aus dem Canton Schwyz« hat einen Bauer Leonh. Carl Inderbitzi zum Verfasser; eine tragikomische Geschichte von einer Inderbitzi theilt Osenbrüggen in seinen Neuen Culturhistorischen Bildern aus der Schweiz (1864) daraus mit. Wer aber Hans Inderbitzi war, weiss ich durch meinen unerschöpflichen Antiquarius Hrn. Kyd so genau als möglich. Er besass 1601 die Matten Dümlen genannt, war Mitglied des Kirchen- und Gemeinderaths auf Morschach und 1621 Kirchenvogt. Dass er ein geachteter Mann war, lässt sich schon daraus schliessen, dass er schreiben konnte. Und als er dieses Pergamentblatt beschrieb, wie hätte er ahnen können, dass wir im Herzen Deutschlands es ihm, dem Dorfbewohner der Frohnalp, noch danken würden!

Denn er hat durch diese Beischrift das grosse Gebet noch geeigneter gemacht, einem Nachkommen LUTHERS, Ihnen, verehrtester Lehrer, gewidmet zu werden. Eins der herrlichsten Lieder des deutschen Gottesmannes ist sein »Mitten wir im Leben sind mit dem Tod umfangen.« Das lateinische Original des ersten Verses ist der Ueberlieferung nach von NOTKER Balbulus, dem heil. Sänger von St. Gallen, durch den Anblick der Werkleute veranlasst, welche, auf hohem Gerüste in Todesgefahr schwebend, die Holzbrücke über das Martinstobel (die Felsenschlucht der Goldach) bauten. Dieses Lied wurde später ein beliebtes Kriegslied, welches oft und gerne vor und während der Schlacht gesungen wurde. Schon vor Luther wurde es ins Deutsche übersetzt, wir kennen aber nur einige wenige dieser Uebertragungen, welche er überflügelte. Hans Inderbitzi hat unsere Kenntniss um eine bereichert. Er überschreibt sie: *ein gebët der kilchen media fita in morte sumus.* Sie ist reimlos und lautet: *O Heer in mitten vnsers lëbens sind wir mit dem doth umbfangen / wen suchend wir aber der vns hilfflich si dan dich o Her alein / der du umb vnsen sünd vnd misethatth bilich zürnen thust / heliger Gott starcker Gott heliger barmhertziger heiland / erlös vns von dem bitteren dotth amen.*

Das Füllhorn meines alten Pergaments ist noch immer nicht geleert. Gestatten Sie mir, verehrtester Jubilar, die noch übrigen Immortellen in den Kranz Ihres Festes einzuwinden. Eine spätere Hand, wahrscheinlich die eines Nachfolgers Inderbitzi's im Kirchenvogtamte, ebendieselbe, von welcher die oben erwähnten Worte: *Dass Buch gehörtt etc.* herrühren, hat dieser Eigenthumsbezeugung folgendes schöne Gebets-Trifolium vorausgeschickt: *O Min Gott vnd Min Her Nim mich mir vnd gib mich gantz eigen dier / O Min Gott vnd Min Herr nim hin von mir alless dass mich hindertt zu dier / O Min Gott vnd min Herr alless dass gib mier das mich fürdertt zu dier.* Ist das nicht ein Gebetsaccord, in welchem alle christlichen Seelen unter dem Himmel, ja alle gottesfürchtigen Seelen der Menschenwelt, an denen der Zug des Vaters nicht unwirksam geblieben ist, zusammenstimmen? Und was könnten wir, der Meister und der Jünger, einander Besseres und Lieberes und Allumfassenderes wünschen, als die Erfüllung dieser drei aus Bruder Clausens Munde stammenden Bitten?

Wenn wir uns in ein solches persönliches Wechselverhältniss zu Gott stellen, bleibt es uns zwar nicht erspart, dasjenige zu erleben, was ein von klerikaler Hand in mein altes Pergament eingeschriebenes Distich besagt:

Omnia sunt hominum tenui pendentia filo
Et subito casu quae valuere ruunt —

aber wir haben bei allem Wechsel des Irdischen einen unerschütterlichen Felsengrund unter unsern Füssen und stehen der weltbeherrschenden Macht der Vergänglichkeit nicht als Knechte, sondern als Freie gegenüber. Wenn wir ihr erliegen, so ist unser Erliegen doch zugleich ein Siegen, und wenn wir ihr auf lange hin unantastbar bleiben, so ist es ein Segen.

. . .

Wenn wir in der vorreformatorischen Zeit lebten, so würden wir einen Theil der Ehre dieses Tages dem heil. NICOLAUS zuerkennen und ich hätte in Ingenbohl, wo diesem als Schutzpatron der Schiffahrt ein Altar gebaut worden ist, die beste Gelegenheit gehabt, ihm in voraus meinen Dank zu zollen.

. . .

Lassen Sie uns denn bis zum letzten Athemzuge und auch jenseits des Grabes verbunden bleiben in jener ewigen Wahrheit, welche kein Fortschritt überholen kann, und lassen Sie uns bei dem rechtgläubigen Bekenntniss bleiben, welches die unbekannte Hand eines guten Katholiken dort auf der Frohnalp in mein altes Pergament hineingeschrieben hat, um thatsächlich die fundamentale Einheit der Kirche Christi in allen Landen zu beurkunden: *Nos autem* — so lautet es allen Gegnern zu Trotz, wer sie auch seien — *gloriari oportet in Cruce domini nostri Jesu Christi, in quo est salus et resurrectio nostra, per quem salvati et liberati sumus.*

Erlangen, Mitte Oktober 1864.

Franz Delitzsch

Auch bei Niklaus von Flüe und seiner Frau Dorothea war es so, wie es in der Bibel heisst: Der Mann wird Vater und Mutter verlassen und seinem Weibe anhangen. Doch dann geschah in ihrem Leben ein unerhörter Einbruch: Gott und sein Widersacher stritten um die Seele des Mannes. Immer stärker wurde der Anruf Gottes, aber Klaus durfte diesem Ruf nur folgen, wenn seine Frau einverstanden war. Das freiwillige Opfer, das von Dorothea verlangt wurde — den Mann und Vater und Ernährer ihrer zehn Kinder im besten Alter wegzugeben — erforderte nicht weniger Heroismus.
In diesem Buch wird das beispiellose Leben Dorotheas beschrieben, so echt und lebensnah, dass der Leser mit tiefer Ergriffenheit am Schicksal dieser grossen Frau teilnimmt und sich bewusst wird, dass der grosse Sieg des Niklaus von Flüe über den Widersacher Gottes und über sich selbst nicht möglich gewesen wäre ohne das tapfere Ja seiner Gattin, die mit so grosser Liebe an ihm hing.
«Dass Klaus Gottes Ruf folgte, ist seine Heiligkeit und Grösse; dass Dorothea ihr Ja dazu gab, ist ihre unsterbliche Krone.»
In seinem Buch «Verborgene Krone» hat P. Dr. Michael Jungo diese Geschichte einer grossen Liebe und eines harten Verzichts auf dramatische Art geschildert.

Wie der Morgenstern das erste Licht der aufgehenden Sonne reflektiert, so muss auch im Priester etwas von der Herrlichkeit des ewigen Hohepriesters Jesus Christus aufleuchten. Über dem kurzen Leben des katholischen Priesters Hans Amstalden (1921—1958) liegt ein Glanz, der die Menschen ergreift und der umso heller wird, je dunkler unsere Tage werden. Nichts trifft heute die Kirche so hart wie die Krise des Priestertums. Um so providentieller ist dieses leuchtende Vorbild, das Ida Lüthold-Minder im Buch «Freut euch mit mir» gezeichnet hat, das geeignet ist, junge Männer für die wahre Grösse des katholischen Priestertums zu begeistern.

Das Buch «Ich wurde in Lourdes geheilt. — Medizinisch und kirchlich anerkanntes Wunder» von Ida Lüthold-Minder erregt überall gewaltiges Aufsehen, weil es dokumentarisch einwandfrei etwas beweist, was unsere glaubenslose Zeit nicht mehr wahrhaben will. Das Buch ist ein öffentliches Zeugnis und ein Dankerweis an Gott, der auch heute noch Wunder wirkt wie zur Zeit Jesu.

Am 30. April 1952 wurde in Lourdes in Gegenwart einer grossen Menschenmenge ein junger Benediktiner aus der Schweiz von einer Sekunde zur andern von «Multipler Sklerose im Endstadium» geheilt. Nach Augenzeugenberichten wurde der schwer Gelähmte, der kaum einer Bewegung fähig war, sozusagen aus dem Krankenwagen geschleudert und fiel in Dankbarkeit vor seinem Schöpfer in die Knie, um als kerngesunder Mann aufzustehen.

Die Neuzeit geht in einer geistigen und physischen Selbstverbrennung ohnegleichen zu Ende. Aber dieses Ende ist der Anfang der Wiederkehr Gottes auf die Erde. Der Physiker und Philosoph Siegfried Müller-Markus zeichnet schon die Umrisse eines neuen Denkens, in dem sich Natur- und Gotteswissenschaft zu einem gewaltigen Hymnus vereinen. Seine Schau greift bereits ins neue Jahrtausend. Wie kaum ein anderer weiss sich Müller-Markus berufen, dem scheinbar sterbenden Christentum das Gelobte Land einer neuen Epoche zu zeigen. Selbst ein Jahrzehnt in den Katakomben sowjetischer Gefangenschaft, studierte der einstige Völkerrechtler noch einmal Physik, um in abstrakten Gleichungen die brennende Spur Gottes zu finden. Und er fand IHN: Wie einst Moses vor dem brennenden Dornbusch, lernte er seither, vor den Visionen der Physik die Schuhe auszuziehen. Denn mitten in ihren Formeln lebt der Geist Gottes.
Was in seinem Buch «Gott kehrt wieder» gesagt wird, tritt zwar auf wie ein axiomatischer Kernsatz, doch gleichzeitig erscheint es im Licht kritischer Reflexion. Dabei gehen die Denkanstösse weit über heute Diskutiertes und vordergründig Interessantes hinaus. Sie schockieren, weil sie in doppelter Weise durchlässig sind: einmal redlich im aufmerksamen Hinhören auf moderne Denkprozesse, zum anderen transparent für theologische Visionen.

Heute, wo die Diskussion über die Engel (die guten und die gefallenen) zu einem Explosionsstoff in der Kirche geworden ist, zu einer Frage, die die Geister scheidet, erscheint im rechten Augenblick ein Werk über dieses heikle Thema, das durch seine gründliche Befragung der Heiligen Schrift, der Tradition, der Äusserungen der Konzile und des kirchlichen Lehramtes und durch seine souveräne Stoffbeherrschung eine objektive Bestandesaufnahme bietet, frei von jeder tendenziösen Einseitigkeit. Von den ersten bis zu den letzten Seiten der Bibel ist immer wieder von Engeln die Rede; sie gehören zu den fundamentalen Geheimnissen unseres Glaubens. Als die junge Kirche in höchster Lebensgefahr war, wurde Petrus durch einen Engel gerettet (Apg. 12, 5—12). Die Engel waren und sind für das Volk Got-

für jeden einzelnen von grösster Schicksalshaftigkeit.
…r, Dr. Georges Huber, ein in Rom lebender Pressekor-
…t, zeigt in seinem Buch «Mein Engel wird vor dir her-
gehen» u. a. welch eminent wichtige Rolle die Engel im Leben eines Johannes XXIII. gespielt haben.

Bernhard Philberth, der bekannte deutsche Atomforscher, legt mit dem Buch «Der Dreieine» ein Werk vor, wie es selten auf dem Buchmarkt erscheint. Es ist die Darstellung eines Weltbildes von solch strahlender Luzidität und von einer solch souveränen denkerischen Bewältigung des Mikro- und Makrokosmos, dass der Leser wie von einer Offenbarung überwältigt wird.
Philberth gehört zu jener kleinen geistigen Elite, die die mathematische Röntgenaufnahme des Kosmos geistig verkraftet hat; er ist deshalb auch in der Lage, neue physikalische Erkenntnisse zu bieten, die in wesentlichen Punkten die Fachmeinung korrigieren. Wenn auch der Laie die Formeln nicht versteht — was nicht notwendig ist —, so gewinnt er doch aus der klassisch einfachen Darstellung ein Ordnungsbild von bestechender Evidenz und Einblick in ein gigantisches Geschehen.
Eine geniale Intuition und ein Pensum an Arbeitsstunden in strengster Klausur, wie es heute nur noch ein unabhängiger Gelehrter bewältigen kann, haben diesen meisterhaften Wurf, diesen gewaltigen Introitus der siebziger Jahre ermöglicht.

Philberth … dessen Logik, Weitsicht, Mut und ethische Klarheit die schweizerische Öffentlichkeit neuerdings aufgerüttelt … der das Entscheidende der Wissenschaft über die Nuklearenergie und den prophetischen Ruf der Offenbarung Johannes an unser Geschlecht des Atomzeitalters einfach und gross verkündet hat … «Kirchenblatt für die reformierte Schweiz».

In der Geheimen Offenbarung des Johannes (Offb. 13, 18) steht folgender Auftrag: «Hier ist die Weisheit. Wer klugen Sinn hat, errechnet das Zahlzeichen des Tieres; es ist nämlich die Zahl eines Menschen, und zwar ist es die Zahl 666.» Worum grosse Geister wie ein Newton bisher vergeblich gerungen haben, ist als erster in seinem Buch «Das Ultimatum Gottes» gelungen, nämlich diese Zahl 666 zu entschlüsseln; die Ergebnisse, die er damit erreicht, sind von atemberaubender Aktualität und von weltgeschichtlicher Bedeutung, ja, sie sind sogar rückwirkend von einer historischen Glaubwürdigkeit, wie man keine bessere ausdenken könnte.

Im Ägäischen Meer liegt eine kleine Insel, die für die Christen von grosser Bedeutung ist: Auf jener Insel hat der Apostel

Johannes von Gott die Apokalypse, das heisst die Geheime Offenbarung empfangen, jenes gewaltigste Buch der gesamten Weltliteratur, das in verschlüsselter Form die Welt- und Kirchengeschichte vorwegnimmt. Heute, wo wir apokalyptische Zeiten durchleben, ist es von brennender Aktualität, sich mit dem Inhalt der Apokalypse, ihrem Verfasser und dem Ort ihrer Entstehung zu beschäftigen. Wir Christen sind nicht nur juristisch Besitzer dieser Insel, wir müssen auch geistig von ihr Besitz ergreifen. Den Schlüssel dazu liefert das Buch «Patmos» von B. Stolz.

Das Buch «Cherub auf dem Gotteshügel» zeigt wieder einmal, dass jene Menschen, die sich blindlings in die Arme Gottes werfen, die grössten Abenteurer sind. Josephine Rumèbe, eine Französin, erhielt von Gott einen Auftrag, der des Genies eines Schliemanns, des Entdeckers Trojas, würdig gewesen wäre: sie musste das biblische Emmaus, um dessen Ehrentitel sich mehrere Ortschaften streiten, neu entdecken. Und siehe da, wie Schliemann in Troja schliesslich auf den Goldschatz des Königs Priamos stiss, fand Josephine Rumèbe in Emmaus noch etwas weit Wertvolleres als einen Goldschatz: durch grossangelegte Ausgrabungen fand sie heraus, dass Emmaus auf dem Boden des alttestamentlichen Kirjath-Jearim stand, das in der Geschichte des Alten Testamentes eine grosse Bedeutung hatte, weil dort während achtzig Jahren die Bundeslade stand.
Da reifte in Josephine ein kühner Plan: sie wollte auf jenem heiligen Berg, wo die Bundeslade stand, zur Ehre der Muttergottes ein Heiligtum errichten mit einem Standbild Mariens, das wie ein Leuchtturm Israel überragen sollte.

Eines der klassischen Werke der Mystik ist «Das Innenleben Jesu», wie es der Äbtissin Maria Cäcilia Baij (1694 bis 1766) geoffenbart wurde und das nach einem längeren Unterbruch erneut der Öffentlichkeit in einer sehr gediegenen und preisgünstigen Ausgabe vorgelegt wird. Jesus hatte also vor bald 250 Jahren einer Benediktinerin sein Innenleben geoffenbart, die Gedanken seines Herzens, seine innerste Gesinnung, sein Verhältnis zum Vater, das von einer so schönen und zarten Liebe getragen war, dass sein Antlitz jedesmal aufleuchtete, wenn er vom Vater sprach.

Vor 800 Jahren geschah etwas Merkwürdiges: Gott liess die Benediktinerin Äbtissin Hildegard von Bingen die Geheimnisse der Schöpfung und Erlösung schauen, aber auch die Wunder der Natur, die Funktionen des menschlichen Körpers, die Ursachen

der Krankheiten und welche Heilmittel er, der Schöpfer, zur Behebung der Krankheiten in die Natur gelegt hat. Hildegard erhielt von Gott den Auftrag: «Schreibe, was du siehst! Tu kund die Wunder, die du erfahren! Schreibe sie auf und sprich!»
Das Buch «So heilt Gott — Die Medizin der hl. Hildegard» von Dr. Gottfried Hertzka ist interessant und lehrreich geschrieben und enthält viele Rezepte für alle möglichen Krankheiten und — auch für Gesunde! — wertvolle Ratschläge.

Ein Zürcher Arzt, Dr. E.B. Heim, hat das Buch «Die Ver-HERR-lichung Gottes» geschrieben, das von der Presse sehr gut aufgenommen wurde.
Ein Gymnasiallehrer aus Basel: «Der Unterzeichnete, Lehrer für Griechisch und Latein an der freien evangelischen Schule Basel, hat sich innerlich hoch gefreut, aus dem Munde eines Arztes das Evangelium von Jesus Christus in so klarer, reiner und befreiender Weise zu vernehmen. Er hat bisher noch nie eine so umfassende Schau der Welt und der Geschichte des Heils gelesen ... Es ist zu wünschen, dass Ihr Buch weiteste Verbreitung finde.»
Johannes Gilgen

Das Werk «An der Brust des Herrn — Leben und Werk des Liebesmystikers P. Alfons Lallinger OSB» von P. Ferdinand Ritzel hat providentielle Bedeutung: gerade im Zeitpunkt eines akuten Priestermangels, wo die überlasteten Seelsorger kaum mehr Zeit für eine individuelle Seelenführung haben, bekommen die Christen der Gegenwart in P. Alfons Lallinger einen geistlichen Führer, der sie die Unterscheidung der Geister lehrt, der ihnen den Höhenweg der Nachfolge Christi zeigt und sie für die Freundschaft mit Gott begeistert.
Dieses Buch sprengt den Rahmen einer Lebensbeschreibung: es ist ein Praktikum der Seelenführung, ein Fernkurs für geistliche Übungen, ein geistliches Gespräch mit einnem Mann, der die Salbung des Geistes empfangen durfte, der das Charisma der Seelenführung besass.

Der libanesische Mönch Scharbel Machluf, der «Wundermönch vom Libanon» starb am 24. Dezember 1898. Als er 1927 in einem neuen Grab beigesetzt wurde, war sein Leib völlig unverwest. Seit seinem Tod pilgern zahlreiche Christen und Mohammedaner an sein Grab, wo bereits über 1200 Wunderheilungen registriert wurden. Über seinem Grab wird gegenwärtig eine grosse Kathedrale errichtet. Die Biographie von Prof. Görlich liest sich wie ein Roman.

Bachinger, Das Leichentuch von Turin
6000, 136 S., DM 8.80, Fr. 9.80, S 64.70
Baij, Das Innenleben Jesu
25 000, 954 S., 2 Bände zus. DM 38.—, Fr. 42.—, S 277.—
Baum, Das Ultimatum Gottes
10 000, 296 S., DM 18.—, Fr. 20.—, S 132.—
Baum, Die apokalyptische Frau aller Völker
25 000, 280 S., DM 17.—, Fr. 19.—, S 125.40
Darms, Thomas von Aquin
127 S., DM 5.90, Fr. 5.90, S 38.90
Drexel, Katholisches Glaubensbuch
10 000, 360 S., DM 13.50, Fr. 15.—, S 99.—
Drexel, Ein neuer Prophet? Teilhard de Chardin
10 000, 136 S., DM 7.—, Fr. 7.80, S 51.50
Faraoni, Der Papst der Immaculata —
Leben und Werk Pius' IX., 136 S.
ca. DM 8.80, Fr. 9.80, S 64.70
Görlich, Der Wundermönch vom Libanon
10 000, 140 S., DM 8.—, Fr. 8.80, S 58.10
Görlich, Der letzte Kaiser — ein Heiliger? Karl von Österreich
10 000, 176 S., 16 Fotos, DM 8.80, Fr. 9.80, S 64.70
Grufik, Turzovka — Das tschechoslowakische Lourdes
20 000, 136 S., DM 7.—, Fr. 7.80, S 51.50
Guillet, Ich sende meinen Engel
10 000, 32 S., DM 2.—, Fr. 2.—, S 12.—
Guillet, Sende jetzt Deinen Geist
10 000, 32 S., DM 2.—, Fr. 2.—, S 12.—
Haesele, Eucharistische Wunder aus aller Welt
10 000, 260 S., DM 18.—, Fr. 19.80, S 130.70
Hausmann, Berthe Petit und das schmerzvolle Herz Mariens
10 000, 128 S., DM 7.—, Fr. 7.80, S 51.50
Heim, Die Ver-HERR-lichung Gottes
25 000, 264 S., DM 8.80, Fr. 9.80, S 64.70
Hertzka, So heilt Gott
Die Medizin der hl. Hildegard von Bingen
10 000, 164 S., DM 12.—, Fr. 13.50, S 89.10
Huber, Mein Engel wird vor dir herziehen
30 000, 232 S., DM 8.80, Fr. 9.80, S 64.70
Jungo, Verborgene Krone, Dorothea von Flüe
45 000, 120 S., DM 7.—, Fr. 7.80, S 51.50
Kümmel, Der moderne Mensch vor der Gottesfrage
5 000, 81 S., DM 6.20, Fr. 6.80, S 44.90

Lüthold-Minder, Freut euch mit mir
Ein Priester nach dem Herzen Gottes
8 000, 176 S., DM 12.—, Fr. 13.50, S 89.10
Lüthold-Minder, Ich wurde in Lourdes geheilt
Medizinisch und kirchlich anerkanntes Wunder
20 000, 132 S., DM 6.20, Fr. 6.80, S 44.90
Lüthold-Minder, Vom Himmel beglaubigt
Die plötzliche Heilung von Anna Melchior
am Tage der Heiligsprechung von Bruder Klaus
10 000, 64 S., DM 2.50, Fr. 2.80, S 21.30
Meyers, Luana I — Zwischen Nirwana und Inferno
275 S., DM 16.—, Fr. 18.—, S 118.80
Meyers, Luana II — Zwischen Nirwana und Inferno
360 S.
Monier, Die Reise nach innen
5 000, 220 S., DM 8.80, Fr. 9.80, S 64.70
Müller-Markus, Gott kehrt wieder
10 000, 328 S., DM 19.80, Fr. 22.—, S 145.20
Philberth, Der Dreieine. Die Struktur der Schöpfung
10 000, 620 S., DM 22.50, Fr. 25.—, S 165.—
Philberth, Christliche Prophetie und Nuklearenergie
40 000, 216 S., DM 17.80, Fr. 19.80, S 130.70
Proksch, Weltanschauung des Christen
100 S., DM 7.—, Fr. 7.80, S 51.50
Ritzel, An der Brust des Herrn,
Leben und Werk von P. Lallinger OSB
5 000, 424 S., DM 22.50, Fr. 25.—, S 165.—
Simma, Meine Erlebnisse mit Armen Seelen
80 000, 128 S., DM 6.80, Fr. 6.80, S 44.90
Stolz/Weiss, Patmos — die heilige Insel
10 000, 192 S., DM 8.—, Fr. 8.80, S 58.10
Stolz, Cherub auf dem Gotteshügel
10 000, 160 S., 16 Fotos, DM 8.80, Fr. 9.80, S 64.70
Zenklusen, Aus meinem Leben
211 S., DM 18.—, Fr. 19.80, S 130.70
Görlich, L'ermite du Liban
100 p., FFr. 10.—, SFr. 7.80, $ can. 2.50
Grufik Turczovka. Le Lourdes tschécoslovaque
136 p., FFr 10.—, SFr. 7.80, $ can. 2.50
Lama, Les anges
116 p., FFr. 10.—, SFr. 7.80, $ can. 2.50
Lüthold-Minder, J'ai été guéri à Lourdes
136 p., FFr. 10.—, SFr. 7.80, $ can. 2.50
Simma, Les âmes du purgatoire m'ont dit
2. éd., 104 p., FFr. 10.—, SFr. 7.80, $ can. 2.50